阿良人文书屋

学论·评论·讲座

曹大良 著

群众出版社
·北 京·

图书在版编目（CIP）数据

学论·评论·讲座／曹大良著．—北京：群众出版社，2020.6
ISBN 978－7－5014－6114－1
Ⅰ.①学…　Ⅱ.①曹…　Ⅲ.①人文科学—文集　Ⅳ.①C53
中国版本图书馆 CIP 数据核字（2020）第 084537 号

学论·评论·讲座

曹大良　著

出版发行：群众出版社
地　　址：北京市丰台区方庄芳星园三区 15 号楼
邮政编码：100078
经　　销：新华书店
印　　刷：三河市荣展印务有限公司

版　　次：2020 年 6 月第 1 版
印　　次：2020 年 6 月第 1 次
印　　张：8.75
开　　本：880 毫米×1230 毫米　1/32
字　　数：220 千字

书　　号：ISBN 978－7－5014－6114－1
定　　价：36.00 元

网　　址：www.qzcbs.com
电子邮箱：qzcbs@sohu.com

营销中心电话：010－83903254
读者服务部电话（门市）：010－83903257
警官读者俱乐部电话（网购、邮购）：010－83903253
综合分社电话：010－83901870

总　序

曹大良

> 岁月飘忽，性灵不居，腾声飞实，制作而已。形同草木之脆，名逾金石之坚，是以君子处世，树德建言。
>
> ——刘勰《文心雕龙》

本人年近耄耋了，作为“奉献的一代”，去日过得虽不那么从容潇洒，但也还充实有为、无愧无悔。眼下赋闲养老，“整理故作撰写新章”自然成了“居家文化养老”之乐事。不枉几年的努力，总算整就成型，名曰《阿良人文书屋》。其有五个分册，即《汉语写作论谈》《文学艺术笔谈》《学论·评论·讲座》《岁月心声》和《岁月花絮》，共计百万余字。前三个分册乃本人多年来有关汉语写作学、语言学、文艺学、文化学、教育学等教学与研究的部分铅字成果；后两个分册则是文学创作性的诗歌与散文，其内容多是笔者个人生活、学习和工作一路走来似水流年的故事与感悟。总之，《阿良人文书屋》既有逻辑思维之花，又有形象思维之果。

从写作与发表年限上看，所选文章既有旧作又有新篇（其中三四成是从未公开发表过的），面对新时代的圈内外各类读者，书里的诸篇文本内容力求理论与实践、知识与能力、传统与现代的“结合”，以及理念与情感的和谐统一。

至于说出版问世的价值意义，其实又并非多么深重宏大，笔者的考虑是：于己是几十年教学生涯与文化苦旅的自我小结；于家人以及朋友们是自己学业耕收的一次比较全面而实在的文字汇报；于杏坛后来同行们则又是一次超越时空的切磋与交流；于青春焕发造梦筑梦的学子们则又不失为一部丰富人文知识、陶冶人文情怀、研习写作与创作之道的业余读物。

书稿洋洋万言，各篇文稿年限跨度又大，所以无论全豹还是鳞爪，疏漏与不足自然难免，诚恳期望专家与读者们的批评与斧正。

最后，还要深深感谢群众出版社的大力支持。

2018 年 7 月
于五角素居

致读者

曹大良

该分册共3辑57篇，附5篇，收录的是笔者近十几年来涉及人文学科几个领域（国学、创新思维、文化学、语言学、文秘写作、新闻传播等）以及相关社会热点问题写发的部分论文、评论与专题讲座。进而又从一个侧面反映了笔者于学习思辨与审视争鸣行进中的文化新征。其中第一辑12篇，乃一家之言的学论，如《漫话建设和谐文化》《公安文化建设三题》等；第二辑33篇，乃说古道今的评论随感之类，比如《三国多少争嗣事》《古案例点评》《下跪的尴尬莫再重复》《话说文化养老》等；第三辑12篇，则又是传道授业的专题讲座，比如《弘扬优秀的民族传统文化》《与青年谈学“国学”》《三种题材稿件的采写》等。5篇附件分别是：《金盾》“探案寻踪”栏目作品点评、与

《杭州公安报》记者的谈话、公安报刊审读报告和笔者主要著述。

还需要说明两点：一是《公安文书写作两题》《〈渔家傲〉词话》和《为造梦者点赞》等几篇，本该录于《阿良人文书屋》前两册的，因当时漏掉也就只好入闱该册了；二是为方便读者阅读，文稿先后的排列均以内容为据，写发时间的先后只做适当参照。笔者再一个想法就是：综观全书文本内容似有“驳杂”之嫌，不过或许倒也正好满足关注不同、爱好有异的当代大学生与在职中青年朋友们多方面自学人文的需求。

人类社会发展的历史雄辩地告诉我们：科技越是飞跃发展，越需要存在于社会整体与每个成员肌体里传统与当代相融合的人文精神，从价值观到审美取向，从人际关系到职业道德，从家庭伦理到市场秩序，只有在充满大同大爱、互信互助的人文理念催化之下，社会的文明、国家的富强，特别是我们民族的伟大复兴才大有希望与指日可待。

2020 年 5 月
于五角素居

目　录

第二辑　评　论

第三辑　讲　座

附

第一辑　学　论

漫话建设和谐文化

人类历史发展的辩证法表明，精神文化对于一个国家与民族任何时候都是至关重要的。一个缺乏理想、信仰、情操和节守的民族是没有希望的。

如今和谐文化的建设应以主流文化为先导，以传统文化为根基，以精英文化为营养，同时着力提高净化大众文化，借鉴吸纳外来文化。

党的十六届六中全会在强调构建和谐社会的总体大目标之下提出建设和谐文化的重要举措。笔者认为提得好、提得必要、提得及时。因为只有在发展经济的同时，构建与优化自己的民族文化，我们才能最终自立于世界民族之林。本文拟从几个方面就建设和谐文化问题谈一些个人的想法。

一、对“和谐文化”的基本理解

和谐文化是针对多元文化并存的现状提出来的，它是一个复合概念，具有积极的、博大的包容与涵括精神。它是一种以崇尚和谐、追求和谐为价值取向的中华新文化。它引导人们用和谐思想认识事物、用和谐态度对待问题、用和谐方式处理矛盾。于此还需特别强调的是“和谐”不是“妥协”，它必须以社会主义核心价值体系为根本。而这个“核心价值体系”自有着明显的功利性与原则性：其以马列主义为灵魂，以建设具有中国特色社会主义的共同理想为主题，以民族精神、时代精神为精髓，以社会主义荣辱观为基础。

建设“和谐社会”的系统工程将培育人们的和谐精神、倡导和谐理念。总之，和谐文化是当代社会主义中国的民族新文化，它既是民族的、科学的、与社会主义市场经济相适应的，又是跟世界文化接轨的。它既顺应了时代的需要，尊重人类文明进程的客观规律，又继承与发展了中华民族优秀的传统人文的精神内涵。

二、三元文化是建设和谐文化的根基

和谐文化既是一种多元文化的有机复合体，其中自然应以本土的“三元文化”（主流文化、精英文化和传统文化）为灵魂与根基。

主流文化即社会主义先进文化，即包括马列主义、毛泽东思想、邓小平理论和“三个代表”重要思想在内的思想理论体系以及一系列与之相应的具体化的国策国法等。毫无疑问，此红色主流文化从新中国成立以来在经世方面一直起着其他文化不可替代的主导作用，如今从全局上看也必须仍然如此。不过由于党内的“腐败蜕化”分子的影响、一部分青年人脑子的“西方化”，以致其主导力度有时有所削弱。对此应从反腐倡廉保先的政治建设入手，确保党政肌体自身的健康，与此同时再于发扬民主、密切党群政民关系上下功夫。如此坚持不怠，主流文化的统率地位就会进一步加强。届时建设和谐文化就有了灵魂与方向。

精英文化，即以知识分子的劳动实践为基础的文化教育、科技学术和创造发明等知本性综合性文化。其既是我们当代民族新文化的精华所在，又是提高全民族文化素质的“高蛋白”，更是确保国民经济形势稳定持续发展的“保险阀”。所以，自改革开放以来党和国家十分爱护和尊重知识分子，不断改善他们的工作条件和生活条件，以充分调动其积极性。今后的问题是，进一步调动他们的积极性，将他们的建议和发明尽快运用到各项经济工作和各种文化创意产业上。同时文化人自身也应抓住时机、奋发努力、甘于寂寞、肯于吃苦，于盛世之秋发挥更大作用。

传统文化，即指华夏五千年精神文化中的精华部分，诸如自强不息、正道直行、贵和持中、民本思想、平均平等、实事求是、豁达乐观、以道制欲、崇德重礼、守成创新等。

我国是伦理文化大国，其传统文化有着辉煌的历史，且让日本及东南亚各国受益匪浅。可不少国人却始终对它持有偏见，致使其倍受重创。远的不说，仅新中国成立以来就曾几次遭到无情而野蛮的“冲击”。为避免“断裂”之危，我们今天必须认真继承之、大力弘扬之。好在到 20 世纪 90 年代弘扬国学的呼声日高，特别是 2006 年社会主义荣辱观的提出和《国家十一五时期文化发展规划纲要》的发布都是党和国家对弘扬传统文化的重大举措。更欣慰的是华夏古风已开始大面积吹向外域（比如，2005 年 9 月 28 日全球祭孔子，世界上有百所孔子学院、几千万人学汉语等）。看来如今建设我们国家自身的和谐文化自然应以中华民族灿烂的传统文化为基因了。

三、要不断净化大众消费文化

大众消费文化，即指新时期以来新兴的为社会民众广泛接受和喜好的俗文化，它带有明显的消费性、娱乐性甚至物欲性。没错，思想的解放、生活的提高和工作的紧张等，人们需要这种文化借以娱乐、消闲和休息，这是不期而然的也是无可厚非的。事实证明，健康有趣、貌浅衷深的大众文化确实能收到雅俗共赏、寓教于乐的效果，如电视连续剧《渴望》、小品《超生游击队》等。可近年来有一些"大众文化"则不敢恭维了，它们打着娱乐搞笑的幌子实则兜售庸俗低级的东西，甚至是荒诞的、色情的东西。一首流行歌曲词云："你是电你是光你是唯一的神话，我只爱你，你主宰，我崇拜，没有更好的办法，只能爱你。你是意义，你是天，是地，是神的旨意，除了爱你，没有真理。"这样的"消费娱乐"其社会效益自然很糟了。一是毒害了青年、污染了世风。不少痴迷者成天追星、嗜网、酗酒、泡吧，玩物丧志、不思进取。有个兰州女孩说什么"不见刘德华决不嫁人，也没有活下去的勇气和希望了"。二是民族理性意识被阉割了，一部分原本精神不振者更没了国家民族、理想事业，成了不讲公德法律和关爱，只顾寻巢觅食贪图私利享乐的"人兽"。三是民族优秀的传统文化基因被抽空、被扭曲了，成天想着西方、盯着西方，忘了自己的祖宗三代（滥用母语便是一例）。

所以对此我们呼吁：为建设社会主义和谐文化，当务之急就是要用三元文化去净化、去营养大众文化，使之真正回到雅俗共赏、健康有益的轨道上来。

四、正确对待适当吸纳外来文化

所谓外来文化其实本不完全是西方文化，可从现实来看，多半指西方文化了。西方文化 16—19 世纪不断传进我国，成大气候是 19 世纪中叶。20 世纪 80 年代更是势如潮涌，其中收益自是不少，如引进了科学态度、务实精神和细节管理等。如今在建设和谐文化的伟大工程中，适当借鉴和吸纳外来文化是完全必要的，英国20世纪伟大哲学家罗素就说过："不同文明之间的交流，过去已经多次证明是人类文明发展的里程碑。"但笔者于此有两点提醒：一是理念上要明确"发展本土文化"是吸纳外来文化之前提，而吸纳的目的更在于补充完善自己，在高唱"同一个世界，同一个梦想"时别忘了"只有民族的才是世界的"这个硬道理；二是加强审视与选择，以达到区分良莠、取良去莠、为我所用的目的。于此切忌反客为主、邯郸学步之类（作家汪曾祺本土为宗又借鉴了西方，写出很好的笔记小说）。因为说到底东西方在思维方式、文化心理等方面还多有不同呢。所以在文化领域只能借鉴参考而不宜照搬照抄。

总之，笔者认为要建设我国当代的和谐文化就应以主流文化为先导、以精英文化为营养、以传统文化为根基，同时提高大众文化和借鉴外来文化。

（原载中国专家学者协会会刊《中国新闻聚焦》2007年8月总7期）

简谈文化创意产业

文化创意产业指发端于个人智能、技艺与创意的，通过知识产权的开发与运用，从而创办经营的具有创造财富和就业潜能的创新型行业。原则上说它以人才为基础、以创意为动力、以高超的科技手段为支撑、以网络传播为主导。目前从全球范围来看，该产业皆以广告、建筑、艺术、文物交易、工艺品、设计、时装、电影、软件、互动休闲软件、音乐、表演、出版、电视广播、大型展览活动等为主。比如，《TT经理世界》杂志发布的我国2007年高端科技企业50强中之前三名“江苏常州天合光能有限公司”“北京开拓天际信息技术有限公司”和“上海润星网络科技有限公司”就是搞“网络休闲游戏”的。从传统产业种别划分而言，它基本属于第三产业（农林牧渔为第一产业，采矿、制造、建筑等工业为第二产业，而流通业、服务业等非物质生产即为第三产业）。

就目前国内外文化创意产业的现状来看，大致有以下几个基本特点：

第一，对旧企业的理念、政策和机制予以全面反思、调整、改造与更新，使原本的经济生产由制造型转为创造型与创意型。让抽象的文化精神通过创意产生具体的消费性器物与音像。其产业集团里从事创意工作的雇员起码要占 10% 以上。

第二，文化是核心、创新是灵魂，二者渗透在管理、经营、操作的各个方面。通过有机地“越界”而赢得整合效应。可以跨国度、跨行业、跨领域，以形成优化组合的、开放的、动态的产业集团。

第三，成功与风险并存。理论上属“风险投资”，但只要善于经营运作，便大有获得高收益、高回报、高增长之可能。

为让朋友们加深理解，这里再阐明三点：

一、兴起的时代背景与社会因素

一是计算机软件，宇宙空间技术，新能源、新材料、新技术（激光液体氮、天然气、核能、合金钢等），生物工程（对基因的研究），自动化控制等高科技的迅速发展。二是全球互联网（信息高速公路），使科技发明转化为经济成果的周期加快了。在我们身边除哲学意义上的客观大千世界外，还存在一个由图书文献和音像软件构成的庞大的知识信息体系世界。所谓“有了因特网天涯若比邻”。三是处于消费时代，社会成员物质与精神需求的不断变化与提高（尤其文化娱乐精神上）。

二、经济发达国家及我国有关情况

英国起步较早，1997 年 5 月，前首相布莱尔就提出组建关于发展创意产业的“特别工作组”。2002 年英国创意产业的产值 809 亿英镑，超过了金融业。1995—2005 年，国民经济增值 70%，而创意类增值 95%。美国创意型娱乐业在规模与收入上均居世界首位。20 年来版权产业就业增长率 4.8%，而传统经济就业增长率仅为1.6%。以色列本来自然资源贫乏，可近年来国家搞“创投基金”（国有创新中心24家），以科技创新为支撑，重点发展软件、生物科学和半导体等。结果如今在美国“纳斯达克”（全球最大的证券交易市场）上市的公司就有79家。650万人成了经济新霸主。韩国1998年从资金、税制和人才三方面支持创意型产业，大力推动其发展，如电子游戏、音乐、电影网络等很看好。凭着创意产业使其从1997年的金融危机中“活”了过来。日本更是以技术创新为主打，20世纪90年代经济发展超过了美国。1987年第三产业占国民经济总产值57%。日本的大型集成电路计算机一直处于领先地位。

我国的创意产业也已起步，2003年国务院出台《关于支持和促进文化产业发展的若干意见》，于是视觉文化、街头广告、居室装修、时尚杂志、卡通读物、wtv歌曲等亦呈现方兴未艾之势头。创意产业的龙头上海，搞了大型综合的“产业园区”，一系列“艺术节、电影节、音乐节”和展览活动效果很好。北京近期动态可喜，2007年11月，市委批准成立“北京文化创意产业促进中心”，并与交通银行、北京银行等达成贷款协议，实现了创意产业与资本市场的对接。接着，在北京文化创意产业投融资项目推介会上，从18区县范围里确定出219个创意产业项目。另外，“北京国际文化创意产业联盟”业已启动，京台文化创意产业交流活动也有新举措。香港特区早在2003年第二届特区政府的施政报告里就提出“拓宽经济领域”的决策，此后电影、文物古董市场、动画等领域都有很好的发展并赢得不小的经济效益。

三、给我们的启示

值此全球化互联网下的文化经济时代，决定我们国家富强、民族复兴的不再是物产、资源等先天因素，而在于人的质量（高素质、高智能）和由人掌握的科技与文化知识资源，因此发展文化创意产业正是摆在我们面前的富于历史战略意义的课题和任务，也是全面贯彻科学发展、社会和谐的一个重要方面。

（写于 2007 年 11 月）

“和谐文化”十解

一、汉语“和谐”的原义

和谐，属形容词，一般形容多重声音和多种色彩的复合美感。另表示人之行为连贯一致。古语有“夫任一人则政专，任数人则相依，政专则和谐，相依则违戾”。

二、和谐文化话语的基本含义

和谐文化，以追求和谐效应为价值取向的文化，其根基雄厚、内涵丰富。逻辑上属于复合概念。

三、和谐文化的性质与特点

和谐文化即当代中华民族的新文化，它既具有民族的、大众的、当代的、科学的基本属性，同时又与另外三个建设（社会建设、经济建设、政治建设）相协调，并同世界文明进步的大趋势相契合。

四、和谐文化的复合体系

和谐文化的内涵极其丰富，它具有积极的、博大的包容精神和涵括张力。它以先进文化为灵魂、以精英文化为营养、以传统文化为基因、以外来文化为借鉴。

五、建设和谐文化的基本目的

培育和谐精神、倡导和谐理念。引导大家用和谐理念去审视认识事物、用和谐态度去对待问题、用和谐的方式方法处理各种矛盾，从而从一个方面促进和谐社会之构建。

六、和谐文化的基本内涵

社会主义核心价值体系是和谐文化的根本所在。

七、社会主义核心价值体系的主体内容

社会主义核心价值体系是全党和全国各族人民共同的思想道德基础，其主体内容有四个层面，即以马列主义指导思想为灵魂、以建设中国特色社会主义的共同理想为主题、以爱国主义为核心的民族精神和以改革创新为核心的时代精神是其精髓、以社会主义荣辱观为基础。

八、和谐文化与和谐社会的关系

前者是后者（构建和谐社会大系统工程）的一个重要组成部分（四项建设任务之一），换言之，建设与发展和谐文化乃是实现或构建后者的必备条件。

九、社会主义先进文化与和谐文化的关系

社会主义先进文化即指多元文化之中居主导（主流）地位

的政治文化、思想文化，即马克思列宁主义、毛泽东思想、邓小平理论和“三个代表”重要思想。它既是我们立党立国之本，又是建设和谐文化的统帅与灵魂。

十、个人如何为建设和谐文化而努力

首先要加强学习，以正确而深入地理解党中央提出构建和谐社会、建设和谐文化的重大战略意义。再就是夯实自己的思想道德基础，以社会主义核心价值体系为自己的价值取向和行为准则，为营造和促进所在环境的文明和谐而努力。

（写于2008年）

公安文化建设三题

本文拟就公安文化建设的命题阐明三个问题。

一、公安文化建设问题的相关说明

（一）“文化”的界定与价值的再认知

1. 注意关于“文化”的多种界定与归纳和当前的“泛文化”之风。

文化概念比较大，甚至显得“笼统模糊”，所以历来有许多界定与归纳，当前又有“泛文化”之风，“文化”一词满天飞。比如，凡事前或后加一个文化，还有人常说“细节就是文化、穿着就是文化”，等等。因此这里有必要给大家一个比较明确而科学的认定。

2. 人类文化乃是人类不断创造、不断发展的物质文明与精神文明之复合。

3. 民族文化则侧重在精神意识理念范畴（精神为“源”，行为为“流”），即一个国家与民族于文明进步与演化过程中汇集而成的反映民族特质和风貌的精神复合体系。它是民族构成内涵之一，也是民族存亡的根与魂。

（二）近年来我国于文化建设方面的积极努力

1. 针对国内外情况，在发展经济科技军事和保护环境改善民生的同时，努力构建现代社会主义先进文化（民族新文化），抓好精神文明建设、振奋民族精神、培育与践行社会主义核心价值观，以赢得我们民族新的精神家园（增强竞争的“软实力”）。

2. 具体运作：在主流文化引领下弘扬民族传统文化、发展精英文化（文教科技及创造发明，知本性综合性文化）、倡导领域文化（军旅文化、公安文化、校园文化、企业文化等）。同时提高大众文化，恰当吸纳外来文化，关注引导网络文化、民俗文化和宗教文化等。

二、公安文化建设的提出及先期情况

（一）有关内因

在以上宏观文化背景的情势下，公安界自身也出现了前进中的问题，那就是新时期以来，由于警察文化素质偏低、公安机关管理与运作机制老化等，与新形势下人民公安的神圣使命与日益繁重的任务不相适应，公安文化建设问题已明显提到日程上。

（二）先期情况

自20世纪90年代起，公安院校成立了公安文化研究公署，进而有关公安文化的理论著述相继出版，如张兆瑞同志的《警察文化学》。1996年和2004年公安部政治部先后两次主办理论研讨，同时各家公安报刊也都竞相编发了有关公安文化的研讨文章和公安文化建设的新闻纪实。再从实践层面上看，不少地方也开始尝试公安文化的基本建设，实施了一些以“文化”为内涵的建警强警步骤。部分中层领导也注意了“文化育警”“向科技要警力”的举措。有些公安机关开展了一些颇有成效的“公安文化”主题活动。总之，20 多年来公安文化建设，从理论与实践两个方面都取得了不少进展。

但作为“新课题新事物”，从发展观点上看还存在不足。从实践上看，不少单位把公安文化建设仅仅侧重在运作方式、工作方法的改进上，而忽视了深层的民警个体精神与文化上的提高；部分基层民警在公安文化建设问题上认知不深、践行不够；由于相对滞后的公安媒体与活跃的社会大众媒体“对接”不够，致使本已“见长”的公安文化未能赢得社会各界广泛的关注；公安圈内对此缺乏有组织的、持续不断的支撑，因此搞“公安文化”往往成了少数人的个人行为。从理论层面上看，一是研讨论文各吹各调，不见集中攻关和“辩论交锋”（如对公安文化内涵的认定就有“两块论”和“三层论”之思辨），因此理论成果不显著；二是有些中青年学者将“公安文化”问题说得神乎其神，让人不得要领，难以付诸实践。

三、对公安文化建设的几点个人意见

（一）关于公安文化的界定与基本内涵

1. 界定。

本着马克思主义“一定的文化是一定社会的经济和政治在观念形态上的反映”的基本原理，再考虑到跟中外对社会大文化的普遍认定“接轨”，笔者认为公安文化是内在精神的公安人格文化（或曰公安精神文化）和外在物化的直接服务于公安现代化事业的公安行业文化（器物科技、管理方式和制度体系）的动态复合系统。至于是公安文化还是警察文化，综合考虑前者为宜。

2. 两个内涵（“两块论”）。

其一，“公安人格文化”的基本内涵，它既与社会英模人格内涵有着共性，又有着由警察职业所决定的公安人格特性，概括之即为："严格执法热情服务"宗旨下的奉献意识、敬业精神、职业道德、创新精神、团队意识、服从意识、公安意识和法治信仰。

其二，公安行业文化，它又包含个体和整体两个层面。个体层面，即指警察个人的综合文化素质以及职业所需要的理想完备的智能结构；整体层面，即指公安现代化事业所需要的物质性科技运用、科学的运作管理和一系列警政警务的法律法规等。

两者关系：前者（人格文化）是内在的、后者（行业文化）是外在的。前者为精神、后者为行为，二者相辅相成、有机统一，不可偏废其一。前者是首要的，既不能忽视，又不宜孤立地、单纯地强调之；后者固然有着实践第一的重要属性，但必须要与前者结合起来，也就是说搞公安文化建设不能仅仅满足于工作方式方法的改进和先进科技器物的装备。

笔者认为，对内涵认定的"三层论"（物质技术文化、管理制度文化和精神意识文化的复合系统）和"两块论"并无原则分歧，只是"两块论"与社会大文化更好对接。

（二）广大民警应进一步提高对公安文化建设重要意义的认识

面临"知识经济"和"数字地球"时代，公安文化建设是极为重要的和富于战略意义的。由高尚精神文化、高效管理文化和科技器物设施相构合的当代公安文化乃是高能量的"生产力"，其作用就是育警人、促警业，进而推动我国公安现代化事业不断前进。实践证明：在各级党组织和政府的领导下，只有抓公安文化建设，警察个体素质才能不断提高、形象才能不断优化、工作才能胜任愉快。而公安团队整体才能真正从容顺畅而又出色地完成"保驾护航"的伟大使命。另外，换个角度而言，高素质的警察个体和高效能的公安工作也正是民族文明、社会和谐的重要标志。

（三）公安文化与圈内外相关文化事物的关系

辩证法告诉我们，事物之间都有着普遍的联系，因此弄清并理顺公安文化跟周边相关事物的关系，将大大有利于我们的公安文化建设。先看圈内的几个关系：

一是与公安业务本体的关系。二者关系很清楚，即公安业务本体是“源”、公安文化是“流”，“文化”为“业务”服务，并在服务中发展起来。日趋发展的公安事业、日趋更新和加码的公安工作迫切要求作为“特殊生产力”的公安文化的支撑；而只有始终抱定服务公安工作（老话“干革命”）的大目标，公安文化建设才能“为有源头活水来”。于此既不该“以业务压文化”，也不宜油水分离或本末倒置。

二是与公安机关政治思想工作的关系。二者本有“共性”，即二者目的皆在“育警人、促警业”，而不同只在“运作”：传统性、经常性政治思想工作是用“目标和任务”去发动、去要求、去指引（带有引导性和指令性）；而公安文化建设则是通过精神培育和优化管理而达到完成任务的目的（具有实践上的保障作用）。好比前者提出“过河”任务，后者提供“桥和船”。于此也要防止两种偏差：一是彼此代替，即用政治代替文化（过去有这种情况），或用文化代替政治；二是厚此薄彼或厚彼薄此。

再看公安文化与圈外几种文化的关系：

一是与主流文化（或曰制度文化）的关系。主流文化即我们党与国家的各级组织旨在动员一切社会力量进行两个文明建设所推崇和倡导的统一的思想理论、法律法规、方针政策、道德规范及一系列相应的社会性实践活动。显然二者之间首先颇有“共性”（或曰公安文化乃是主流文化的有机组成）；其次还有互补性，即主流文化乃“营养”着公安文化，公安文化又不断体现与充实着主流文化。

二是与精英文化的关系。精英文化一般是指人文、科技文化人在主流文化的统领下所创建的体现人类文明新成果、新进展的文化复合体系。显然，二者又有着交叉关系：即在建设和发展公安文化的过程中，势必不断汲取精英文化之糖分，而公安文化之精华又堪称是一道更富于特色品位的当代中国精英文化。

三是与传统文化的关系。传统文化博大精深，其中“精神理念”，特别是人格审美的“君子之说”（诸如修身慎独、知行合一、刚健有为的人生哲学，仁爱孝悌的伦理观念，重义轻利、舍生取义的价值观等）堪称是我们公安人格文化的养料。另外，古代公案文牍和公案文学更为我们今天执法工作提供了不少有益的借鉴（比如，法德并用的思想理念、“五听法”和“钩慝术”等）。

四是与大众文化的关系。“大众文化”的概念最早出现在美国，它一般是指一个国家或地区新兴的为社会大众所接受和喜好的一种俗文化。从世界文化史的角度来看，这种俗文化，都带有明显的消费性、娱乐性，甚至物欲性。我国当前十分走红的令人眼花缭乱的大众文化也是如此。因此应该说我们的公安文化与充斥于身边的大众文化“本不是一家人”，其内涵与功利有着本质上的区别，但“人民公安”有责任通过各种渠道和方式去提高、去净化大众文化。

五是与世界警察文化的关系。虽然“人民公安”很有特殊性，但在开放的今天，我们本土的“公安文化”跟外域的“警察文化”也有着某些交叉关系，而近代西方国家有着比我们长久的“警察警业历史”（英国第一支着装警察 1829 年成立）。因此我们在建设公安文化的过程中也应注意借鉴外域的东西，如“网络治安”。当然他们也很注意我们的东西，如英国、加拿大的警界也敬仰三国时期的关羽，长期以来关公还有个警界之神之称。

（四）警察个人如何为公安文化建设做出努力

“知而不行，只是无知。”“知者，行之始；行者，知之成。”（明·王守仁）

这里仅从素质修养角度做点原则提示（且不涉及行为能力的提高）。

1. 于道德修养方面学习与践行社会主义核心价值观，同时向当代警界英模学习。另外两点也很重要：一是学习传承传统的君子人格审美说；二是积极参加单位的政治活动和文化活动。

2. 文化素质方面。一是补上第一文化（含传统人文），立争当个“儒警”——学习哲学、历史、心理学、语言学（英汉）、逻辑学、写作学、文学等；二是拿下跟本职相关的专业理论知识——如法学、侦查学、预审学、交通管理、户籍管理、新闻传播学、公关学、采访学、信息学等；三是跟上网络技术文化（第二文化）。

3. 注意学风，结合工作、知行结合、循序渐进。

（依1997年初冬笔者接受《杭州公安报》记者的采访谈话和几次讲座修润成文）

切记根本性质与职责

“理论在一个国家实现的程度，决定于理论满足这个国家的需要程度。”（马克思）

“必须加强人民民主专政的国家机器。”（邓小平）

坚持人民民主专政是坚持四项基本原则的一项重要内容，也是小平同志“特色理论”的重要组成部分。随着“特色理论”学习的不断深入和丰富生动的现实生活体验的不断积累，全党全民对于现阶段加强人民民主专政的必要性和重要性的认识，已越来越坚定和深刻。这里仅就如何通过优化我国公安工作进而加强人民民主专政这一话题谈三点个人意见，不妥之处还望广大同仁予以斧正。

一、进一步提高一个认识

古人云：三思而后行。因此，笔者认为，欲通过优化公安工作进而达到加强人民民主专政的目的及效果，首先应该使我们的同志（指公安界的领导及广大民警）进一步强化以下基本认识：

我国公安机关的根本性质与人民警察的法定职责决定了公安工作的全部运作过程（包括出发点、归宿及若干复合性系列性工作内容）就是不断地加强人民民主专政。

因为我国公安机关是人民民主专政的重要工具，是国家机器的重要组成部分。同时，作为具有武装特点的治安行政和刑事司法专门机关，它有着保卫国家安全、保护公民人身安全、维护社会治安的神圣职责。正是在这个意义上，在 1983 年，中共中央曾强调："公安机关必须发挥民主和专政两个方面的职能。"《中华人民共和国人民警察法》第一章总则中对我国人民警察的根本任务和行为准则作了严格而明确的规定：

"人民警察的任务是维护国家安全，维护社会治安秩序，保护公民的人身安全、人身自由和合法财产，保护公共财产，预防、制止和惩治违法犯罪活动。"

"人民警察必须依靠人民的支持，保持同人民的密切联系，倾听人民的意见和建议，接受人民的监督，维护人民的利益，全心全意为人民服务。"

我国公安机关和人民警察的上述阶级属性、政治属性、组织属性及其行为宗旨和准则都顺理成章地表明了我国公安工作的全部运作过程以及整合效应就是在加强人民民主专政的实践过程。因而进言之和简言之，即加强和搞好公安工作就是加强人民民主专政。充分认识到这一点，将有着十分重要的理论价值和现实意义。它将是我们公安机关锐意改革、公安民警忠于职守无私奉献以共同赢得最为优异的公安工作社会效应的重要前提和第一动力。

二、不断总结经验，深入持久地贯彻严打方针、开展严打斗争

小平同志曾英明地指出："在社会主义社会，仍有反革命分

子，有敌特分子，有各种破坏社会主义秩序的刑事犯罪分子和其他破坏分子，有贪污盗窃、投机倒把的新剥削分子，并且这种现象在长时期内不可能完全消灭。同他们的斗争不同于过去历史上的阶级对阶级斗争（他们不可能形成一个公开的完整的阶级），但仍然是一种特殊形式的阶级斗争，或者说是历史上的阶级斗争在社会主义条件下的特殊形式的遗留。对于这一切反社会主义的分子仍然必须实行专政。不对他们专政，就不可能有社会主义民主。”据此，近年来，党中央作出了开展严打斗争的重大决策。而作为这场斗争主力军的公安机关，在各级党委的直接关注与支持下、在各地区广大人民群众的积极参与下，全力以赴，众志成城，已经取得和还在不断取得显著成效：不少重大案件相继破获、相当一批罪大恶极的在逃犯被缉拿归案、一大批犯罪团伙和地方恶势力被相继铲除……社会秩序普遍好转，群众的安全感有所增强。但树欲静而风不止，不少地方犯罪分子还顶风作案，十分嚣张，有些地方的治安形势还不够令人满意，因此我们公安机关还要进一步振奋精神、鼓舞斗志，总结以往战斗经验和教训，把严打斗争深入持久地开展下去。不给违法犯罪者以喘息之机，让人民群众安全而自在地生活与工作。

三、标本兼治，在综合治理上下大功夫

为加强人民民主专政，各级公安机关在深入持久地开展严打斗争的同时，还不可忽视关于社会治安综合治理的根本方针。要明确“严打”虽是综合治理整体工程的一个重要环节，但它又不是也不应是唯一环节，只有通过综合治理整体工程内各相关环节的相互配合和协调才能取得标本兼治、国泰民安的最佳效果。

公安学基础理论告诉我们，综合治理整体工程有六个基本环节，即打击、防范、教育、管理、建设和改造。前文所讲的“严打”即属“打击”一环。这里再就防范、教育和改造谈一些个人的建议。

(一) 加强防范意识和防范措施，争取“警之于先”的效果

防范即事先预防、防备戒备之意。从历史上看，任何一个国家为保持统治者所需要的“升平”，都在不同程度上注意了这个防范在先、防治结合的策略。我们是社会主义国家，为赢得社会主义现代化建设所需要的稳定大局，为加强人民民主专政，更需要我们的公安机关及广大民警强化防范意识、加强防范措施，搞好打防结合超前控制。为此，笔者想强调以下两点：

1. 把防范意识纳入公安意识范畴，从而使后者的内涵更加充实和全面。一反过去认为公安就是抓人、就是破案的片面理解。

2. 尽快构建各地区乃至全国的公安信息网络，使公安机关耳聪目明、眼观六路、耳听八方，并通过网络加强和群众的联系、与其他部门的沟通。

(二) 充分利用新闻宣传出版印刷渠道，加大公安宣传和法制教育的力度

综合治理内涵中的“教育”，主要指两个方面：一是指对广大群众（特别是青少年）的普遍性、超前性法制教育和治安教育；二是指对刑满释放和执行治安处罚之后的有关人员的帮教工作。两种不同性质的教育工作都是维护社会治安所必需的。这里仅就公安机关如何实施这两种教育工作谈一点个人意见，即除结合公安机关的日常业务活动，抓住时机，进行细水长流式的教育工作之外，一个十分富于潜力的方面就是要充分利用公安新闻宣传机构和公安书刊出版渠道。

1. 在宏观上，各级公安机关的领导同志，特别是宣传部门

和出版部门的领导同志，要充分认识上好的公安新闻宣传和公安出版事业对于促进精神文明建设所起到的积极作用，特别是其中的多重教育作用（对内部民警、广大群众和刑满释放人员等）。进而加强人力、物力和智力的投资，争取更大的正面社会效益，防止负效应和负面值。

2. 千方百计总结经验，加强有关公安宣传和公安出版的理论性研究工作，认真抓好典型（如一文一剧一歌等），争取像“‘9·18’大案纪实”那样赢得轰动效应。

3. 就公安宣传而言，要注意充分利用多媒体，诸如新闻报刊媒体、广播电视媒体、文艺演出媒体和专题展览媒体等。

（三）加强监管部门的工作，抓好对犯罪分子的改造和挽救

从根本上讲，“严打”只是手段，让犯罪分子重新做人才是我们所希望的。因此，收监之后，对犯人的监管与教育正是“严打”的深入和继续。再从犯罪学理论来说，之所以形成罪犯，也是有着主客观多方面的因素的。如果我们监管部门的同志，创造积极因素、消除消极因素，那么在一定的“条件”（这里的条件是哲学意义上的）下，“犯”还可以转化为“民”。这一因果逻辑，有时似乎被忽略了。对于在押犯，固然要强制他劳动，但更重要的是结合劳动实践对他们施以思想教育特别是法制教育。于此，有些单位创造了很好的业绩与经验，但据笔者所知，从全国范围来看，还有相当一些地方的监管部门（如看守所）尚存在着一些问题：认识上和行动上，重打轻改、重管轻教、以管代教；组织上投入力量不够，在警力不足的背景下，一些看守所里尽是老弱残兵之类；工作上的单纯经济观点作怪，以致没能真正贯彻“改造第一、生产第二”的原则，把犯人看成廉价的劳动力。由于这些问题的存在，使一些犯人在押期间没能得到应有的法制教育，自然也就没有真正的重新做人，一旦出监，必有后

患，将成为社会的不安定因素。所以，为真正巩固“严打”战果，为加强人民民主专政，今后必须加强监管部门改造犯人的工作。希望有关部门的领导同志能再次以研讨会议等方式进一步专门研究这个问题。

（写于1996年10月，公安部第八期警衔晋升班结业论文，原题为“搞好公安工作，加强人民民主专政”）

公安宣传的理论思考

新时期以来，公安宣传工作显得越来越重要，从现场实际来看，已呈现十分活跃的态势，并且在促进公安工作、赢得社会大治安上也起到了不可抹煞的作用。但无可讳言的是，公安宣传工作，无论从理论知识上，还是实践运作上，无论从宣传品的总体水平上，还是综合效应上，都存在着一些不足之处和不敷需要之嫌。何以如此，在公安部政治部 1994 年 9 月编发的《全国公安宣传处长座谈会纪实》对此做了深刻明确的回答："就是因为我们对公安宣传的认识始终停留在比较低的水平上。对于'宣传出警力'、公安宣传能够'转化为战斗力'等观点，缺少深入的理论分析和令人信服的事例。因此，当前迫切需要加强这方面的理论研究，深入探讨公安宣传的功能、任务和意义，探讨包括新闻宣传、文艺宣传、理论宣传在内的公安宣传工作的内在规律，探讨公安宣传的原则和方法，公安宣传的艺术和技巧等。只有从理论上弄清公安宣传的作用、意义、规律、原则和方法等问题，才能普遍提高对公安宣传的认识，卓有成效地开展公安宣传工作，更好地为公安中心工作服务。"

这就表明了在当前公安宣传实践活动十分丰富和生动的情况下，提高对公安宣传工作的认识，加强公安宣传的“理论研究”的必要性和迫切性。本文拟从科学规范“公安宣传”概念界定这一角度试对公安宣传做一点理论思辨。不妥之处还望同仁斧正。

“公安宣传”一词，长时间以来已为公安界的领导和同志们广泛使用。然而，作为一个现存概念，见诸文字并赢得广为共识的科学规范的界定，似乎尚未问世，本着商榷和研究之初衷，且让我们试界定如下：

公安宣传是广大公安机关及其公安工作者为履行职责、发挥职能（保卫国家安全、维护社会治安）直接或间接地借助现行社会宣传媒体（包括印刷媒体、广播电视、摄影绘画和文艺展览等），向自身及社会各界受众传播有关国家安全、社会治安的动态信息、引导社会舆论并同时灌输法制观念、道德观念的自觉而能动的复合性社会活动过程及行为系统。

对这样一个界定，再试做以下几点横向分析说明。

一、公安宣传的社会属性及根本宗旨

（一）两重的社会属性

公安宣传实践既是公安工作大系统的一个子系统，又是党的社会主义宣传舆论工作整体的一个有机组成部分；另外，作为开放性的公安大宣传，它还是大众传播的一个重要分支，精神文明建设的一项基本工程。

（二）明确而严肃的行为宗旨

我国公安工作的政治属性及基本宗旨又决定了“公安宣传”鲜明的社会功利色彩和明确严肃的行为宗旨。一方面，狭义而言，它为公安工作服务，为公安机关更好地“履行职责发挥职能”服务；另一方面，广义而言，它还要在“立足公安”的同时“面向社会”宣传法制、教育群众、引导舆论、打击犯罪，从而于更为广泛的意义和更加广阔的背景上维护国家安全和社会治安。

实践表明，只有这样认识问题和提出问题才能真正把公安宣传工作的重要性与必要性体现出来，亦才能以更大的热情和更高的智慧去开展公安宣传工作。

二、公安宣传行为的主体与受体

由我国“专群”结合的公安工作方针所决定，作为公安宣传，其行为主体和受体都具有两维性，即有两个主体和两个受体。

两个主体：第一主体是公安机关的有关机构部门及其具体宣传人员，可称为主主体；第二主体是与主主体有密切联系的社会其他信息新闻宣传部门，可称为副主体，如电台、电视台、通讯社、报刊编辑部、文化馆等。

两个受体：广大公安民警和其他公安机关内部受众，其可称为内受体；社会各界受众，其又可称为外受体。

“两个主体”认知的实践意义在于：为搞好公安宣传工作并优化其效益，首先要充分调动“主主体”的作用，加大“自我宣传”的力度，同时，在这个基础上又要改变过去封闭的单调的运作，而应放开手脚，通过多种渠道“请进来”（社会传媒机构及工作者如广播电视、报刊的记者、编导等）和“走出去”（指公安宣传工作者带着项目走到社会新闻传播单位），凭着“主帅”和“副手”的密切合作构建起四通八达的主体化的公安宣传网络，以真正实现新形势下所需的公安“大宣传”。

而内外两个受体的认知又提醒我们，搞公安宣传一为公安工作，二为社会文明。若能在一个或一次宣传活动、宣传作品中一箭双雕，便算真正赢得了优佳的宣传效果。

三、公安宣传的总体内容

从共性的角度来说，健康积极的社会大众传播，一般包括三个方面的内容，即传播信息、引导舆论和灌输观念。而对于社会功利色彩更为鲜明的我国当代公安宣传来说，其总体内容更有着复合性特点，其内涵更为丰富多样。其中几个要点是：

1. 传播信息，反映动态、敌情与问题，以辅助决策推动工作；

2. 歌颂英模、表彰先进、弘扬正气、鼓舞斗志；

3. 交流推广全面实施公安机关三大职能以及其他有关“综合治理”方面的成功经验；

4. 宣传法制、引导舆论、教育群众、服务群众以促进社会精神文明；

5. 教启愚盲，威慑犯罪，打击邪恶，维护国家安全、社会治安。

以上五个方面有机统一、彼此渗透。公安宣传内容上的这一复合性特点，要求我们在从事公安大宣传时，既要务虚又要务实，既要宣警育民引导舆论又要报道新闻、传播信息。而过去那种仅仅停止在“造声势，发号召做动员”的老一套做法显然是不需要了。至于如何赢得每一次宣传活动的复合效应，则应该在强化宣传意识和新闻敏感的前提下，于广取材、恰用体（指宣传媒体与形式）、深开掘、精制作上下一番功夫。

四、公安宣传的多种媒体

开放性公安大宣传，其渠道与媒体是多种多样的。这里择其要类介绍如下：

1. 印刷媒体（报刊和手册之类）；
2. 广播电视媒体（其中还包括有线广播和有线电视）；
3. 摄影图片及展览媒体；
4. 会议媒体（指专题报告会和记者招待会等）；
5. 案例材料媒体；
6. 理论文字媒体；
7. 文艺演出媒体；
8. 网络媒体。

诸种媒体各有其长：报刊媒体简便易用、广播流通传播范围广泛、电视节目能实现同步报道（还有可视性强之长）、专题报告与展览内容集中颇具影响力，而理论文字更富于历史和逻辑的力度，并以此给读者以理性启发。至于文艺演出，则又有寓教于乐、为受众喜闻乐见之长。

媒体的多样化，为我们在公安大宣传上的百花齐放、生动活泼提供了极为有利的条件。我们尽可充分利用各种媒体，变单一为多样、变平面为立体、变呆板为生动。当然，若真正做到这样还需要每位公安宣传工作者平素里有意识地熟悉和把握各种媒体的“功能机制”，以逐步成为既能说又会写，既能照又能画，既能编又会演的多面手。

以上即笔者对“公安宣传”这一广泛使用的概念的一点理性诠释，旨在使大家对公安宣传工作能有一个较为科学明确又相对一致的认识，因为认识上的明确与统一，无疑将有助于相关的实践活动。

至于公安宣传理论研究的课题自有许多，笔者于此附赘几个以供同仁参考：

1. 当代公安宣传学理论框架；

2. 当代公安宣传工作的组织机构与运作机制；
3. 公安宣传的队伍建设；
4. 公安宣传与综合治理；
5. 公安宣传媒体比较与运用；
6. 题材宣传方法论；
7. 公安报刊工作研究；
8. 公安内外宣传的区别与联系。

（原载《中国人民公安大学学报》1998 年第 1 期）

公安宣传工作管见

关于怎样进一步搞好公安宣传工作，笔者有这样几点宏观考虑：

一、注意加强理论研究工作，争取用理论去指导实践

笔者认为，包括新闻报刊、广播影视、专题宣传以及其他各种形式在内的公安宣传实践虽然业已蔚为壮观，并取得了不少的成果和实效，但就其对社会的、整合性的穿透力和震撼力来说，还是远远不够的，因而作为社会舆论引导的一个重要组成部分，在社会受众面前，也似乎还没有明显地树立起应有的形象、牢固地确立住它应有的地位。所以如此，其中一个重要原因就是理论认识还没有到位。诸如公安宣传的性质、任务、意义、公安宣传与整个公安政务业务的区别与联系、公安宣传工作有效而科学的运作机制，诸种媒体（如印刷、文艺、会议、展览、图片、摄影等）各自的优势如何充分发挥等都还没有合乎规律的认知。据此，笔者认为公安机关各级领导和文化新闻界的同仁们，应该把对公安宣传的关心与支持集中到理论研究上。具体的运作可“八

仙过海，各显其能”。笔者认为比较实际的做法可以采取“上下结合”的双轨制。一方面由公安部政治部宣传局牵头与中国人民公安大学公安文化研究所挂钩，荟萃攻坚力量和专门人才集中攻关，构建公安宣传理论框架；另一方面各级公安机关的宣传部门以及有关报刊编辑部可结合宣传实际之需要，提出研讨课题，组织专题研讨会、经验交流会、作品评议会等。

专题研讨会的题目笔者认为，针对当前“宣传实践”，大致有以下一些：

公安宣传组织机构的完善与运作的优化；

如何强化公安宣传社会效益；

如何处理社会效益和经济效益的关系；

公安宣传几种主要媒体的比较与运用；

公安宣传队伍的现状及提高。

再者，凡会应有“文”（不能停止在口头上），会前写文、会上读文，会后及时集中整理出版论文集。

关于典型作品评议，可从题材、体裁、写家、技法等不同角度进行。

二、关于宣传工作者队伍提高问题

工作要人来做，稿件要人来写，因此公安宣传工作的提高、宣传品质和效益的优化在某种程度上取决于公安宣传工作者的整体水平以及每位成员的个人素质与智能。所以为了适应进一步发展公安宣传事业之需要，还需要在优化队伍上做些切实努力。笔者想到的几个方面如下：

（一）搞好“补课”

两种不同来路的宣传工作者的补课问题。一是指机关于部出身的半路出家者补上新闻传播理论和新闻作品制作知识技能方面的课；二是新分配来的新闻、文学专业的大学生补上“公安专业”“橄榄情结”的课。实践证明，两种人员的补课将对他们的工作大有好处。其方式方法，原则上叫“送出去”，即前者送往成人高校，后者送往基层公安机关。

（二）培养“尖子”

在普遍实施补课的基础上，进一步花些力量和本钱，通过有效渠道下决心培养出部级、厅局级公安宣传方面的尖子人物。其中包括名记者、名编辑、名摄影、名主持、名播音、名解说等。

（三）局、校联手搞专职培训

这是指高层次的专职人员培训。由公安部宣传局和中国人民公安大学联合举办。每年争取举办一至二期专题专职培训班。比如，公安宣传处长培训班、记者编辑培训班、报刊主（总）编思想业务研修班等。根据以往经验教训，事先要精心筹划，要特别注意内容的安排和师资的确定。

（四）开选修课

为公安宣传准备“自己的”后备力量，在现有几所公安高校（本科与大专）开设与公安宣传有关的选修课，如新闻稿件采写、艺术摄影、大众传播学、广播影视常识等。

三、总结经验，开拓创新，办好公安报刊

在提高理论认知和优化队伍的同时，如何着眼现实进一步做好公安宣传工作呢？这里拟集中谈一点想法，即充分认识印刷媒体的优长，进一步办好公安报刊。

印刷媒体、广播和电视共为当代新闻传播的三大媒体，就公安宣传事业来说，除这三大媒体以外，还有文艺宣传、理论宣传和展览宣传等形式。公安宣传部门和具体工作者应当从优化公安宣传的整体效应出发，科学而准确地把握诸媒体在自身性能和

“接受效应”上的特点及优长，以更好地运用它们。这里，仅就作为印刷媒体的公安报刊在自身性能和接受流通效应上的优长做些简单的比较说明。

其一，便于传播者的“主体参与”。

凡新闻传播都需要传播者的主体参与，而文字报道这种形式使传播者的“主体参与”十分方便自如。在通信、特写以及报告文学等报道类稿件里，记者在报道人事的同时完全可以辅以精当的抒情与议论；至于评论、按语等言论类稿件，则更可以旗帜鲜明地、直截了当地发表传播者自己的观点与意见。

其二，接受过程的随意性与灵活性。

从接受过程来说又有着相当的随意性和灵活性，如它不受时间和空间的限制，拿到报纸后可根据读者自身活动日程和生活作息安排来选择阅读时间。至于地点，更是毫无限制的，办公室、客厅、卧室床头，以至汽车或火车上均可。再从过程上看，既可一次读完，又可分几次读完；既可以读一遍，又可以反复读数遍。

其三，就传播范围来讲，归根结底，报刊也较电视广播为广，在那些尚无“电信设备”的边远落后地区，报刊仍然是十分重要的信息载体。

总之，尽管电台广播与电视目前十分走红，但公安报刊仍是公安宣传的十分方便得力的工具与载体，这一点我们应该充分认识到。

事实上，10 多年来 30 多家公开发行的公安报刊在宣传公安法制、歌颂卫士英模、引导舆论、教育群众、威慑犯罪等方面都做出了很大的贡献。许多优秀稿件的编发，也大大丰富了当代公安宣传文化的实绩。时下的问题是在“市场经济”的条件下，怎样优化报刊管理工作、怎样在确保“社会效益”的前提下兼顾经济效益，使其永葆战斗的青春与活力。对此，这里做几点原则建议：

1. 在大方向一致的前提下，各家报刊应强化独家意识。根据地区环境、风土民俗、受众特点等因素，犯中见避地办出自己的特色与风格，春兰秋菊各领风骚。为此，要在队伍建设、办报（刊）方针直到栏目设计、编排技巧等方面下一番别具匠心的功夫。

2. 每期应有重点力作，邻期要注意稿件题材内容上的照应。比如，一期登有少年犯罪的述评，二期可以编些来自学校、家庭和少管部门的通信或故事。

3. 提高编排艺术，在栏目设计上，或以体为经或以旨为纬，给人以严谨醒目之感。栏目命名要避免雷同与生硬，此外，在如何恰当地发挥摄影图片新闻方面蹚出些新路子来。

4. 注意把“办刊与育才”结合起来，忙里偷闲地开展业务研讨、理论进修和工作交流等活动。事先要有所准备与考虑，注意针对性与客观效果，防止走过场、形式化等弊病。

5. 报刊的一、二把手要有现代管理头脑，提高管理水平，报刊顶头上司应给“报刊”以“自主权”，讲究管理艺术。在把关定向的前提下，在具体运作方面要灵活，要尽量为办刊人员提供发挥主观能动性和创造性的空间。

（原载《公安新闻采写论谭》1998 年 6 月版）

成绩·问题·建议

值中国人民公安大学（以下简称公安大学）召开“本科生的思想教育以及管理工作”研讨会之际，笔者作为一名任课教师，凭着一点关切与热情，从三个方面谈几点浅见，仅供有关领导与专职们参考。

一、公安大学德育工作的成绩所在

公安高等教育的根本宗旨是培育警人，公安大学的庄严使命乃是为我国实现强国之梦，为社会主义现代化建设培养德、智、体、美全面发展的各类公安专门人才（除各类警人以外还包括中高级师资与科研人员），这一点早已成为校领导以及我们全体教职员工的共识，而且据笔者所知，10多年来，我们已付出并还在付出着艰苦的努力、积极的探索，并且已经取得了明显的成效。于此列举几个突出的成果。

1. 业已形成了党委领导下的以团总支、学生处、各系年级中队长“三位一体”的指挥运作系统，以行之有效地进行思政教育和实施半军事化的管理，而且在兄弟院里享有盛名。

2. 思政工作体现了针对实际有的放矢，四年周期的递进性引导教育成效显著。

比如，一年级的“入学教育”，重在让学生成功地实现两个“转变”（中学—大学、当代知青—预备警察），二年级的“专业教育”，重在让学生从人生价值到公安意识的逐渐确认，三年级的“实习教育”，重在让学生为胜任愉快地上岗而做好各方面的准备，特别是专业学习，四年级的“毕业教育”，则又重在让学生做好“一颗红心多种准备”的心理安排，强化服从意识与大局意识。如此几年下来，年轻的公安大学学生基本拥有了公安意识、职业道德、团队精神、敬业精神、奉献精神以及比较过硬的纪律作风。

3. 于继承与开拓创新中，实施了不少颇有成效的教育活动方式方法，诸如专题报告、党课学习、红色影展以及大中型演讲、征文、读书、文体等集体活动、积极参与国家级市级的大型重要活动并出色完成了上级交给的政治任务（比如，1990 年 9 月参加第 11 届亚运开幕式演出和若干保安工作，1993 年 9 月第 7 届全运会团体操表演），等等。以上各种实践活动都深受学生欢迎，他们自始至终都表现出极高的参与热情，在一些总结材料里都分明写道“从中蒙受了很好的锻炼，深受教育，收益很多”。

二、公安大学对学生的思想教育与管理工作存在的一些问题

由笔者观察和学生们一言半语的反映，笔者认为公安大学对学生的教育管理还多少存在若干不足。

（一）理论上想着管与教并施，可行为实践上管重于教、管挤了教

大家知道，对本科生实行半军事化管理乃公安大学公安特色之一，并赢得了服从意思、组织纪律性以及雷厉风行等积极效果，

这些有目共睹不待细言了。但时间长了，一个不足也愈见明显，那就是平日里活动多、指标多、比赛多，上下忙于轰轰烈烈的行为过程与甲冠乙亚的擂台战果，督促检查成了日课，批评责罚又成了家常便饭。鉴此，面向整体的系统理念教育被不自觉地挤掉了，至于点上对个别学生的思想工作则更无暇问津了。一个旁证就是有些学生（特别是一二年级学生）常常主动把他生活、学习与工作的心结说给我们任课教师，并希望得到及时的点拨与指教。

（二）整合效应还欠缺，任课教师育人作用发挥不够

前文所讲校党委领导下的“校团委—学生处—中队长”三位一体的德育工作管理机制的确大有它成功的一面，但因为有关领导层忽视了通过系部跟广大任课教师的沟通与合作，以致在公安大学师生的心里都自觉不自觉地产生了不对头的想法：师者心想只要教好书就行了，“育人”是他们的事（当然这跟部分教师本身对教书育人缺乏全面理解有直接关系）；生者则“尊长轻师、近长远师”，以为凡事只要听队长的就行，对教师们的“室训”与课余的“教诲”则不很重视。久而久之，师生关系也有所疏远，如此，若从发展公安高等教育的大目标上着想，显然是不正常的也是不利的。

（三）中队长一层存在的问题

一是由于对学生的全权负责制，工作十分繁忙头绪又多，导致其工作方式上不免简单粗暴与主观武断，再就是由于疲于招架面上的各项大活动，以致很难顾及对个别学生和风细雨的思想工作了；二是由于超负荷工作（8小时工作、24小时在岗），以及组织上对这层人的生活待遇、职称评定以及前途去向等关乎切身利益的事考虑不够，以致出现了“外热内冷”、工作不安心之情况。其中“前途去向”是说鉴于工作性质与特点（跟学生摸爬滚打在一起），至多40岁后就得“调岗新就”。对此个人肯定有

考虑，可领导上有时就忽略了他们的“明天”！总之这些情况的存在在某种程度上导致中队长整体队伍不稳定的问题。

三、关于进一步优化德育工作的思考与建议

基于上述两方面的情况，就公安大学如何进一步总结经验，扬长避短、群策群力做好德育工作，笔者试提出几点建议，供领导和同志们参考。

（一）在前文所提到的集中性“三位一体”主管机制的基础上，进一步调动全体教职员工的积极性，完善运作机制，赢取整合效应

一是为让全体教职员工都动起来，关心爱护学生参与德育工作，校党委应明确要求各部门主管着手研究摸索出一套本单位成员为参与德育工程尽责出力的行之有效的办法，以赢取“管理有人、服务有人、育人有人”的大好局面。

二是进一步挖掘任课教师之潜能。一方面提醒他们恪守教书育人这一职业宗旨，努力于课堂上在讲授知识的同时能够长流水、不断线地对学生进行良好的思想理念教育。另一方面由系部办与学生处共同商议，适当安排对中青年教师任教学班（区队）辅导员，以协助中队长的工作。

三是德育教研室应发挥更大作用，除上好马列主义理论课和思想品德课以外，应随时了解学生的思想情况，并通过一定的长效方式（渠道）及时与团委和学生处沟通，进而协助后者（团委和学生处）开展有针对性的专题教育活动。

（二）注意从根本上、观点理念上提高学生的政治思想觉悟与心理素质，实践上确保管理与教育的并举并重

作为警官摇篮的公安大学，对学生的严管无疑是绝对必要的，但同时别忘了一个客观事实：我们的学生是新时代的知青，

他们的思想活跃，富于变化性与可塑性，因此在对学生实施半军事化管理的同时，一定不能放弃对他们进行有针对性的“面”的教育和“点”的引导。至于这由面及点的细活谁来做？笔者认为可以三管齐下：

一是区队（教学班）干部、中队长和辅导员，还有任课教师们，根据大气候新形势，有意识地了解学生的思想动态以及困惑症结所在，进而给予及时的引导与教育。

二是通过德育教研室开设的马列主义和思想品德等课程，针对实际转变学生的思想认识。

三是针对思想动态组织相关的大中型主题活动。

（三）抓好基层中队长的工作，以稳定这支队伍，鼓励他们更好地做好本职工作

不容置疑，从公安大学以往德育工作实际来看，各系各区队的中队长是管理教育学生的中坚力量，他们任务重、作用大，可正如前文所说他们也有自身的困难甚至苦衷。对此笔者想出了一些办法，请领导斟酌考虑。

一是实行“中队长聘任合同制”（含“工作调换制”）。即选择年轻有为、德才兼备的本科毕业生，留校任中队长，任期十年为宜，先跟老队长一年，而后独立带队，一两届后调至新岗位。再就是最好由两个中队长同带一两个区队，还有一点即不要跨年级带队。其中上岗前一个手续就是由系办与中队长本人正式拟得“聘任合同”。合同里条款内容待有关方面考虑周全，但笔者以为有两点务必写明：第一，任职期限及调离后新岗位（本人必须愿意，能胜任）；第二，将明确写明中队长的工龄与成绩，作为档案材料送交其新就职的单位。如此可能赢得他们上岗安心的良效。

二是注意相关的合理照顾，如岗位贴补可参考任课教师的课

时补贴、家属住房尽量安排校内、适当为其两个业务（中队长业务和将来的新业务）进修提供机会和条件。

以上是笔者的几点意见，相信通过此次研讨与交流，公安大学学生的德育工程一定会有一个长足的进步和“质”的飞跃！

（写于1997年春，此处略有修润）

深化认识理顺关系

——中国人民公安大学教育改革简谈

公安高等教育是公安现代化事业的基础工程，是当代方兴未艾的我国公安文化的重要内涵，也是我国社会主义精神文明建设的一个有机组成部分。面临新世纪赋予的绝好机遇和提出的严峻挑战，中国人民公安大学（以下简称公安大学）的教育（教学）改革已势在必行，刻不容缓。为使公安大学的教育改革的步伐更坚实有力，教育改革的运作更卓有成效，这里仅就如何统一深化有关认知，进而在正确处理矛盾、理顺关系方面谈一些个人的思辨与意见。

一、“特色”寓于共性与个性的有机统一之中

马克思主义哲学告诉我们：任何事物无不具有其类属的共性和其自身的个性，而且两者统一在一个矛盾体内，互依互补而并非彼此对立或游离。所以“当我们研究一定事物的时候就应当去发现这两方面及其互相联结，发现一事物内部的特殊性和普遍性的两方面及其联结，发现一事物的和它以外的许多事物的互相联

结”（毛泽东《矛盾论》）。

本着这一原理，笔者认为公安大学深入实施教育教学改革，我们大家应该首先明确，作为全国高校成员之一，其所具备的共性和作为部属综合性大学的个性。这里试作分析如下：

（一）共性的基本内涵

1. 公安大学是一所高等院校，以办学育人为根本宗旨。

2. 全面贯彻党和国家的教育方针及有关法律法规。

3. 拥有高水平的内行的领导集体以及由此决定的科学有效的管理机制和管理方法。

4. 以教学为中心，以及由此决定的教师主导地位。

5. 拥有学历结构、职称结构、年龄结构合理的师资队伍和管理队伍。

6. 拥有基本满足教书育人需要的各种硬件设施。

（二）个性的基本内涵

1. 培养目标。公安大学培养具有良好的思想品德，扎实的理论基础和较强的人文修养，掌握现代文化科学技术，适应公安现代化事业需要的高素质的专门人才。简言之，即培养德、智、体、美全面发展的公安高等专门人才。

2. 特定的学科模式和专业设置。即“文法工管相结合的以法为主”的学科模式和侦查、治安交通管理、公安科技、公安法学等专业设置。

3. 由培养目标决定的学生管理上的“半军事化”特点。

从上述的简单分析不难看出，公安大学与其他院校一样，既具有大学本体共性又拥有由专业属性和培养目标所决定的自身个性，而且两者互依互补有机统一于一个矛盾实体内。据此，我们在实施教改系统工程的运作过程中切不可将两者对立起来进而顾此失彼或厚此薄彼。

至于长期以来，我们大家经常谈到的“公安特色”，其实正是上述共性、个性有机统一优化组合的逻辑结果，而不是先入为主的良好愿望。也就是说，通过卓有成效的教育教学改革真正办好了公安大学，那么富于公安文化品格和橄榄风采的“特色美”，就油然而生了。届时，我们公安大学便可骨健格高地傲然自立于国内外高等院校之林，国内外的教育界、文化界的同仁们对公安大学自然也就会刮目相看、啧啧称道了。

二、三种教育合理运筹均衡发展，共同为公安现代化事业服务

从历史与现实交汇的实际出发，公安大学如今拥有新老三个教育（教学）层面，即本科教育、在职培训和研究生教育。面对这三个教育层面（或曰子系统），我们又当如何合理运筹呢？这里提几点建议。

（一）优先发展本科教育，努力提高本科教育水平与教学效果

首先，根据我国国情（经济尚不发达、文化又偏于落后），本科教育将在较长一段时间，处于高等教育的首要的重点的地位。其基本任务和宗旨是为四化建设不断输送具有基础理论和专业知识，较高人文素质而又富于创造性思维和可迁移性技能的各类专门人才。近两年来国家教委实施的“本科教学评估”工作，正好体现了这一点。再就公安大学而言，自1984年9月小平同志题写校名以来，公安大学开始了“本科”教育教学实践，并以此跻身全国高等院校之列。而如今，要想真正实现公安部党委提出的“向教育要素质，向素质要警力”的战略目标，在很大程度上，本科教育是其恒常性、根本性支撑工程。另外，不可忽视的一个因素是：公安大学是由“老”干校脱胎嬗变而来（干校遗迹遗风至今犹存），“本科”尚属“少年”时期，既少硬件设备又缺软件经验，据此，在三种教育教学力量的投放上，必须

突出本科，把本科置于首位。只有这样，一方面可以完成为公安现代化不断输送高素质后备力量之历史性重任，另一方面亦能真正当仁不让地自立于全国高等院校之林。至于如何搞好本科教育，这里仅顺便提及一点，即下决心保证足够的本科教育的师资力量和相对优化的阵容。保证 90% 以上的正副高职要在本科第一线。个别教授只想带研究生，以为站本科讲台是大材小用，此念差矣。学识档次与“课堂”级别并非正比关系。已故的孙敬修老先生是专给孩子们讲故事的，不还是成了中外驰名的儿童教育家吗?

（二）在职培训具有重要的现实意义和长远的战略价值，应该认真办好保证质量

在职警业培训，在公安大学有着光荣的历史传统，而且为公安事业的发展壮大立下了汗马功劳。在公安现代化事业不断发展的今天，要实现前文提到的“向素质要警力”的战略目标，为尽快解决现役警察整体上文化偏低的问题，举办各种形式、不同档次的“培训”，是一个切实可行、经济实惠的好办法。再退一步来说，即便警察的素质和技能都上去了，学历结构基本是“正态分布”了，“警务培训”仍不能丢弃。这又来自两个方面的考虑：一是面对信息时代，知识技术更新很快，面对新要求新任务，警察必须随时补充新鲜的文化血液才能胜任；二是今后“人才选拔”进入市场机制，“新”警员们并非都来自公安大学或其他公安院校（现在国外情形正是如此），那么对于这些富于朝气的“门外”汉，在其上岗之前，也还必须进行有关观念意识、纪律作风、知识技能等方面的“岗位培训”。总之，着眼今天展望未来，“在职培训”这种继续教育，应认真抓好办好，不可轻视。眼下的当务之急是如何在总结以往几十年或近十几年的经验教训中通过广泛调查研究，借鉴本科和研究生班，从课程设置、

讲授内容、组织管理等方面来一番推陈出新，以更好地满足学员要求，让他们感到学有所用，让他们的“娘家”感到帮了大忙。

（三）研究生教育是“重中之重”，应稳步而积极地发展

研究生教育是高等教育之尖端，是创办一流大学的“重中之重”。对于公安大学来说，是贯彻“科教兴警”之必需，是发展公安科技文化的奠基工程。从未来着眼，这一层面的教育理应高度重视和积极运作。公安大学自1993年成立研究生部以来，已招收了四届硕士研究生，建立了五个硕士点（刑诉法、刑法、应用心理、公安行政管理、法医），首届五名研究生已毕业。这是既老又新的公安大学的骄傲。但研究生教育对公安大学来说，还刚刚起步，还需要一个强身健体的过程。其中，关键的两点是：第一，把好招生质量关。由于“以法治国”逐步深入人心、由于考研风盛，公安大学的“生员”实属乐观。但面对门庭若市的形势必须严挑细选保证质量。第二，“良材还需巧匠”，对于研究生班这样的“近距离”教学来说，导师的主导作用尤其重要，经择优遴选上来的导师们要严于律己，注意师德与学风。同时还要注意师资后备力量的培养和物色。

总之，三个层面的教育教学各有其用、各肩其责，三位一体、缺一不可。但又不宜绝对地“一视同仁”。其中本科教育应视为基础，其位居首，在职培训与研究生教育作为两翼不可削弱，三者正好用等腰三角形来表示，量化上姑且可以假设底边为“4”、两腰各为“3”。

三、教学与科研既有主次又要兼顾

在高校里，教学与科研的关系，在理论上似乎已经解决，那就是教学科研相辅相成、殊途同归地为育人服务，为培养目标服务，最终为促进科技进步和发展生产力服务。但任何一所高校，

在抓教学、搞科技的具体运作中又总难免出现这样或那样的一些偏差与问题。这里想针对公安大学如何正确对待两者的问题谈一些想法。

（一）确保教学的“中心”地位，首先要把教学搞上去

作为1984年9月正式挂出“大学”牌子的公安大学来说，应该明确，在今后较长一段时间里应坚持“以教学为中心”，把教学放在首位。也就是说，全校教职员工应该明确搞好以上所说的三个层面的教学工作乃是我们的起码责任和首要任务。任何只重科研、忽视教学的想法与做法都是不对的和不利的。为此，领导要鼓励教师多上课、上好课。对个别教师心向钱看，成天想“创收”而牺牲教学的错误做法要给予及时批评。对一些教师怕评不上高级职称而忽视教学只顾一味搞科研的不当之举也应及时给予劝导并使之自觉纠正。还要督促和鼓励管理部门要为顺利开展教学铺路搭桥提供方便。同时，校方还应在倾听教师意见的基础上拟定出一套切实可行的鼓励机制和约束机制（比如，和晋级评职称挂钩等），以调动广大教师自觉搞好教学的积极性和主动性。

（二）在搞好教学的基础上，积极开展科研活动

公安大学的科研活动，与其他院校一样，首先具有服务教学，确保教学内容的高水平和当代性的作用。具体说来，它是教学改革软件工程的顾问与高参。教学大纲的修订、教材的更新、教学内容的调整充实都靠它来定夺；课程的设置与调整，特别是各专业系是否增设带有新兴性、边缘性的专业课和基础课也都靠它来提供依据及有关信息。实践证明以科研为营养的教学，自然会富于生气和大受欢迎。同时，通过这样的高水平的教学，学生的创造性思维、科研意识才能潜移默化地日益强化。另外，公安大学是公安部直属的最高学府，自然肩负着发展当代公安科技和

文化的重大使命。“科教兴警”，我们应该当仁不让（事实上，我们有些同志和系部已率先进入了角色）。所以从这一角度来说，我们也必须拿出相当一部分人力、物力投入科研。

至于广大主讲教师，首先应该站好讲台，圆满完成教学任务。但又千万不可足于斯、止于斯。教师本来就不是教书匠，大学教师更应该有自己与教学有关的科研领域和课题。不仅专业教师如此，基础课教师也应如此。据笔者所知，有些同志认为基础课不好搞科研，更难找到与公安现代化事业有关的科研课题。其实不然，因为首先有些传统的基础学科在框架与内涵本身就有很大变化，20 世纪六七十年代所学已经过时，要确保课程内容的科学性、当代性和前沿性，基础学科也完全能够找到与“公安”专业的结合点，无课题无项目之忧，可顿然排解矣。所以这里奉劝公安大学所有主讲教师都要立雄心、放眼界，在搞好教学的同时，积极从事科研活动，其中困难自然不少，但笔者认为既已选择了道路就该坚定地走下去。

总之，一教学二科研，教学科研互依互补、相得益彰。校方在督促教师教学工作的同时应该支持他们的科研（包括物质和精神两方面）；教师应具有双向作战的意识与魄力。

四、提高管理水平，讲究管理艺术，注意原则性和灵活性的结合

为实现“以教学为中心”的总体运筹，为真正搞好公安大学各类教育教学工作（本科、在职培训、研究生等），并尽快大幅度提高教育教学水平，优化教学管理是至关重要的一个方面。依照高教司〔1998〕33 号文件（《高等学校教学管理要点》）的精神，需要着手的事情很多，涉及的方面亦不少。这里，针对公安大学实际，仅就管理人员如何准确定位自身，如何以辩证法为指导，进而加强和优化公安大学教学管理方面，谈些个人意见。

（一）准确主体定位，明确管理目的，把管理和帮助（教学）、服务（教学）结合起来

在“育人”的总目标下，管理人员应给自己以准确而恰当的定位，即把自身主体划到“教学系统”圈内。作为教学队伍成员之一与教师是“同志”加“战友”的关系，彼此只是具体分工不同，并无高低贵贱之别。因此，双方应该互相尊重、互相理解、互相支持。但就公安大学以往实际来看，情形并不尽如人意，致使双方（指管理者与教学人）之间还不能做到通力协作、默契配合。究其原因，当然双方都有责任，但笔者认为主要矛盾应该说在于管方（篇幅所限，恕不展开详陈）。鉴于此，希望公安大学管理人员今后能够努力提高自身素质，钻研教学之道，熟悉教学现场及有关业务，并在思想上牢固树立优化管理服务教学的责任意识。倘真如此，广大教师看在眼里、服在心上，自然报以积极配合，届时公安大学的教学工作自然会出现令人鼓舞的新局面。

（二）加强“法治”观念，关键时刻要敢字当头坚持原则

高校教学是一个多元互补的系统工程。据此，“规范操作”是一个重要方面。而“规范”的提出与执行检查就成了管理部门和管理人员的主要职责之一。近年来，依国家教委高校司及公安部的有关指示，公安大学对教学活动的诸多方面，如课程设置、大纲、教材、教案、学时分配及教学进度、考试考查、学籍管理、升留级办法等都相继制定了若干“规范”要求。但从其执行情形来看，都不甚理想甚至很不理想，常常是虎头蛇尾，半途而废，说了不算，违了不究。比如，规定为38学时，教师却只讲28学时，其间又不见相应的审批备案材料。再如，原规定四门不及格就留级，但届时又做别论，诸如此类不在少数。这些

情况的存在，在一定程度上涣散了严肃的教学工作，腐蚀了正常的规章制度，破坏了健康的学风，危害可谓大矣。究其原因，固然诸多细节，但笔者认为要害在于我们管理人员的“心理障碍”。那就是怕字当头（怕得罪有关上司和当事人），不敢坚持原则或曰不敢始终坚持原则。因此，这里奉劝教学管理部门的同志们要以教育教学改革大局为重，排除心理障碍，树立“法治”观念，出以公心，坚持原则，绝不畏首畏尾、姑息迁就。于此，再向高层领导同志进一言，即在关键时刻应该给主持“正义”、坚持原则的管理人员以及时而有力的支持，以避免使后者陷入进退维谷的窘境。

（三）针对实际，适当灵活运作

这是辩证法的另一个方面，与前者并不矛盾。即在对教育教学实施规范（统一）管理的过程中，对于涉及全局的较为复杂的问题不宜简单从事。或者说，防止机械化、形式化、一刀切等弊病再度出现。具体说来包含两个意思：第一，在拟定有关规章制度时要充分考虑到教育教学事务自身的规律与特点，还要进一步考虑公安大学各个子单位（系部）的具体情况，待胸中有了“全局和实际”之后，再拟出“文件”。如此，其拟出的“规约”就会有较宽的覆盖面和较高的适用率。第二，在贯彻执行“文件”阶段，对个别单位和个别同志的“创造发挥”只要其出发点对头，言之成理、行之有效，就应予以肯定，这就是灵活性的所在。教学归根到底是师生间的“个体运作工程”。其中离不开作为主导方面的教师的能动性和创造性，对此，管理人员在看准之后应该支持而不应设障。实践证明，管得过多、统得过死反而没有好处。且举一例，如公共必修课只规定统一大纲、教材和学时就可以了，在教学具体进度和考查考试方案上笔者认为可以由主讲教师自定。因为：基础学科，从大文化领域来说，内容不断更新，变化很快；又要考虑到服务和结合公安法律专业。据此，讲授内容在各位老师之间必然而且应该有所区别，如果还要求统一进度、统一命题，那就在一定程度上束缚了教师的手脚，影响了他们主观能动性的发挥。最终对教学反而不利。

总之，在实施日益严格和完善的教育教学管理的过程中，管理部门及管理人员，应尽快提高自身素质，明确管理目的、准确角色定位，并运用辩证法这把金钥匙，把原则性和灵活性有机结合起来，克服忽左忽右的毛病，真正把公安大学教育教学工作引向健康发展的轨道上。

真知而后善行，大家对以上若干问题获得明确而统一的认知之后，公安大学教育改革的运作必然会有一个质的飞跃。

（原载《中国人民公安大学学报》1998 年 9 月版）

简谈说话的学问

娴于写作的人都知道，书面语的基本要求之一是讲求得体美。即文体不同、文境不同、文旨不同、读者不同，其表达方式和语言风格也就不尽相同，甚至很不相同。其实“说话”又何尝不是如此呢？况且，因为其对象更多样、更确定（科学地说是无数个“这一个”），其目的更具体、更切实，其场合也更带有特定性等。所以，从某种意义上看，“说话”比“撰文”更应讲求语言的得体美。可惜，在很长的时间里，由于多方面的原因，人们往往忽略了这一点，故而今天给大家讲讲这个问题。

那么，怎样争取“说话”的得体美呢？笔者认为一个重要的方面就是讲点言语的辩证法。即根据对象、目的、场合、背景等多种因素，恰当地处理好以下几对矛盾。

一、雅与俗

雅是文雅，俗是通俗。由于对象和场合的不同，“话”就得讲点雅俗分寸，争取恰到好处。比如，一个医生对不同患者，“话”就得讲点区别。对儿童患者就不能用“确诊”“临床”

“疗程”之类的术语；而对干部层和知识界的患者就不妨正规一点、雅一点了。因为他们大都有点医学常识，有的甚至是“久病成名医”了。再如，教师和演讲人，更要根据学生和听众的思想素质、文化程度和心理特征来确定自己用语的雅俗深浅。如果选用不当，对牛弹琴，那效果往往是不会好的。

行文至此，需要强调的两点是：第一，“俗”不一定就是水平不高，而恰恰相反——深入浅出，于通俗风趣的言语里，装进博大精深的内容，正是话者造诣高深的绝好体现，其效果也总是很好的。因此，建议大家于此下力，宜俗不宜雅。

第二，“俗”又并不是“庸俗”。目前有些青年朋友，穿着尽管很入时，但谈吐很不讲究，开口“爷儿们”，闭口“××养的”，甚至于公共场所满口污言秽语、腥臊并用，令人作呕。这里奉劝这些年轻朋友，请有意识地净化一下自己的“话”，使其适当地“雅”一点吧。

二、庄与谐

庄是庄重、严肃，谐是诙谐、幽默。这是与雅俗有着连带关系的另一对矛盾。高水平的说话应该是有庄有谐、庄谐结合。比如，教师在课堂上说话固然首先应讲求科学性、理论性、准确性、逻辑性，但同时还应充分注意到形象性、趣味性与启发性。如果一味地板着面孔、拿着腔调，学生们肯定是不欢迎的，教学的效果也肯定不会好的。在这方面，中外的一些领袖、学者、演说家、教育家，给我们做了很好的榜样，篇幅所限，不再援例。

目前存在的两个极端：一是“庄有余而谐不足”，即我们有些同志，讲起话来只有大道理，没有具体分析，只引经不设例，几个小时干巴巴的说教，把听众轰炸得昏昏欲睡！二是“追谐失庄不伦不类”，甚至把“谐”降低为“油”，站在台上一派油腔滑调、哗众取宠、低级无聊、令人啼笑皆非！想想近年来一些低档的相声和节目主持人的“佳作”就不难评判它的效果了。其可悲之处在于他们不懂得真正的“谐”是以高深的修养、广博的见识、娴熟的业务和丰富的临场经验为前提的。因此，只有在提高修养和积累经验的基础上，才能逐步达到庄谐结合的理想境界。

三、准确与模糊

一般来看，说话首先应该讲究准确，不能言不及义或以词害意，特别是在特定的环境里更需如此。比如，在路上有人向你问路，你如果知道，就应具体而准确地回答：“先往前，见十字路口再往右拐，走上十几步就到了……”你如果不知道，那也没关系，只是也应该明确地表示：“对不起，我也不清楚，再跟别人打听打听吧！”但有时也许出于好心，明明不知道，还要模棱两可地说什么“大概……可能……”之类，那么就很可能帮了倒忙。可是问题还有另一面，即在特定情况下“话”又很需要讲点含蓄与模糊。比如，一个预审员在审讯案犯时自然应该讲究藏而不露、隐显相间。至于一些外交场合，出于某种政治功利，“话”更要讲得委婉艺术、分寸恰切。这使我们不禁联想起当年敬爱的周总理的一些外交讲话。其中一例是1972年2月21日在欢迎美国总统尼克松的宴会祝酒词中的一句：“由于大家都知道的原因，两国人民之间的来往中断了二十多年。”

四、详与略

一般来说，说话应避免啰唆。用眼下时兴的说法就是用最少的语量传达最多的信息。可是我们有些同志却常常是话匣子一开就没个完。报告固然要3个小时之久，就是一个联欢晚会的开场白也非得拖半个小时以上。仔细想来，浪费时间与耗费精力姑且不论，其中一个很致命的害处，就是由“厌话”以至迁之于“嫌人”。因此奉劝为官的、为师的，请你们“舌下留神”，开口宜简不宜繁。当然，这一条也有另一面。那就是该详时则不能略，略了就要出问题。比如，师傅之于一个新徒弟，如果事先不做过细的具体的交代与说明，使徒弟成了丈二金刚，结果导致了工伤事故，或出了废品。再如，一个火车站问事处的值班人员，对于八方乘客的急切询问，回之以慢条斯理的“不知道!”或“门边有牌子你自己看去吧!”之类，那就不光是说话的问题了，干脆就是玩忽其责、挂羊头而卖狗肉了。总之，说话应十分讲究、详略得当，该详则详、该略则略。

五、注意语气和表情

对于表达来说，有声的“话”较无声的“文”有利之处是，前者多出两个辅助手段——语气和表情。因此，大家在说话时，就要善于借助这两个辅助因素。这里，笔者认为起码有两点要特别注意：第一，一句话要注意配合上相应的语气和表情，避免造成误解。比如，朋友破门而入，你脱口而出：“啊！你怎么来了?”你本来是喜出望外，可是如果此时你语气平淡低沉，表情上也不见几丝喜色，那么，对方准以为你是不欢迎呢！第二，有些属于逆耳的忠言，为使对方接受，就更需要在语气与表情上讲点艺术，下点功夫。其中舒缓亲切的语调和诚恳和蔼的表情是必不可少的，如一个有经验的管教对于在押犯的谈话。

关于“说话”的得体问题，今天就讲到这里，希望大家于此努力，使自己的“话”朝着更文明、更科学、更艺术的方向发展。

（写于 1987 年）

关于搞好“结合”的思考与建议

公安院校的《基础写作》课程的教学改革是一个突出的新课题，有关同志与业内同仁对此也十分关注，这里仅就其作为公共必修课如何更好地与公安专业相结合的问题谈一些个人的思考与建议，不妥之处还望同仁们批评与指正。

大家知道，公安院校《基础写作》的教学应该遵循的一个基本指导思想就是应该与公安专业相结合，进而为院校本科生的培养目标服务，对此，院校的各级领导同志都十分强调，主讲教师们也都给予了足够的重视与探索。但究竟怎样付诸实践，怎样方算得“合格与理想”，至今同仁们还没有达成明确的“共识”，在行为上自然也还没有一个为大家所公认的统一而有效的“方案与模式”，总之即还没有实现从必然到自由的飞跃。

下面先就两种糊涂认识与我们教研室的一个新举措略加评说。

两种糊涂认识：其一，因为有些非公安院校的中文系、文秘系写作课开两年或三年，如长春广播函授学院的写作课就开三年（一年级讲基础写作、二年级讲应用写作、三年级讲论文写作），而我们公安院校本科生的写作课只用一学年甚至一学期，如此有的教师就认为这不就体现“结合”了吗？因为内容肯定得压缩了。这里姑且先不论课时多少问题，仅就他们的认识而言，显然是不对的，因为“结合与服务”要具体看教学目的的确立与教学内容的设置以及相应的教学效果，课时多少不是原则与要害。其二，还有的教师认为“结合”绝对应该，可从师生两方面看都有困难，所以很难真正实现。具体说，师者，多数毕业于大学中文系、新闻系，他们对人民公安的诸项业务比较生疏，顶多是一知半解（含公安业务用笔）；生者，作为刚进校的高中毕业生，对人民公安的历史与现状也不甚了解，对自己未来的岗位与用笔更是不得而知，别忘了写作课一般都安排在一年级上。看来这些同志的考虑不无道理，可笔者认为，这不该挡住“结合”之路，那克服困难的关键全在教师，教师要先学习公安、了解公安，进而发挥主导作用，问题一定能够得以逐渐解决。

我们教研室的新举措：通过两年的本科写作课教学实践与个别教师的调研学习，为体现“结合”我们教研室拟订了拟于1988年秋季试行的教学方案，其中三个要点：一是“两段法”，一年级讲基础写作、三年级讲实用文体写作（含公安文书，必修还是选修还待与教务处商定），各70学时，共140学时；二是实用写作的文体涉猎比较宽泛，既有公务文书、新闻稿件，还包括论文（有的教师提出在法律与管理系再增设点文学创作常识）；三是少讲通用教材里传统的文学性例文，增加对公安业务内容的当代佳作的分析点评。笔者认为，我们教研室的“八八方案”，于体现结合与服务上可谓迈出了一大步。

下面再集中谈谈笔者的想法、做法与建议。

第一，对于结合的理解不要太机械，讲点辩证法，不要一提“结合”就把基础写作与公安应用写作对立起来，更不能用公安应用写作代替基础写作，因为其实“结合”说到底也是手段，最终目的是提高学生的写作能力以利将来能胜任公安岗位上的业务用笔。所以笔者认为一个最理想的做法就是在讲授基础写作时能恰当而有效地体现结合公安专业。笔者曾尝试的几个做法：（1）联系法。比如，在讲文章材料一节时，便具体指出公安民警与公安文秘人员积存信息材料的几个有效渠道；在讲“说明”的表达方式时，应提及司法文书里的空间说明、人物特征说明；在讲语言修辞时，特别讲明模糊修辞和阈语在公文里的特殊用处等。（2）换例法。即前文提到的少讲通用教材里的传统文学名作，多举公安报刊的新鲜时文。比如，《开庭之日》《特殊的战斗》《交通民警的苦辣酸甜》《法不徇情》等。（3）习作法。即结合学生课余活动、专业学习出作文题，如学生曾写得《对我校半军事化管理的理解》。再者有条件时让学生走出去（到中基层公安机关单位）搞专题调查，随后写成不同体式的文章，如学生曾写得《预审科长二三事》《某中学高中生犯罪情况调查》等。

第二，建议由公安部策划与牵头，组建本科生写作课通用教材编写组，成员从院校资深教师和部厅局有经验的笔杆子两方面遴选。该教材要确保两个特点：（1）体现结合与服务。（2）与高等教育出版社出版的写作课通用教材以及公安大专、中专院校的写作教材区别开（据悉后者已有成书出版，也正是由公安部牵头组织有关同志编写的）。

第三，为利于交流研讨的深入有效，于此笔者为下届研讨会提供几个有关写作教学的参考论题：（1）“结合”的教学经验交流。（2）怎样体现写作教学的实践性？怎样争取传授写作知识与提高写作能力的双赢？（3）公安院校本科与专科的写作课怎样拉开档次，二者有哪些主要不同？

（写于1986年8月，原系为全国公安武警院校语文教学研讨会撰写的论文）

公安文书写作两题

笔者通过几年中国人民公安大学本科生公共必修课《实用写作》的教学以及参与编写高自考通用教材《公安秘书学教程》的实践，再加上与现场“笔警们”的交流，对公安文书写作这个边缘性行为科学有了初步的认知与感悟。本文拟就公安文书的“认知与拟写”做些简要论述，旨在与校内外的同仁们沟通与切磋。

一、关于公安文书性能、作用与分类

（一）界定

公安文书乃公务应用文体的一个分支，它是各级公安机关在开展各种执法业务和各项公务活动中拟写的具有特定内容、规定格式和运行效用的文字工具。公安文书写作乃多体公安写作的第一大项。

（二）性能与作用

作为公安业务必备必用的文字工具，它有着鲜明的实用性、制用的严肃性、机密性与范围强制性。同时有着不可替代的指导、规范约束、沟通知照、凭证备案和宣传教育等重要作用。鉴此，规范地制用和及时地传用乃是搞好工作、提高效率的必要条件和有力保证。

当然，大家对以上所言之性能与作用应辩证地加以理解，文种不同、时限不同、行文关系不同，情况自然就有别了。

（三）几个层面的分类

1. 总体上的三大类别。

（1）公安行政公文。作为国家行政机关的公安机关，在处理日常公务时所制用的具有法定权威与行政约束力的文字工具。依据《国家行政机关公文处理办法》（1987 年 2 月 18 日公布的，以下简称《办法》）有 10 类 15 种。

（2）公安事务文书。除《办法》规定的行政公文之外，公安机关在日常工作运行过程中具有管理与交流价值的文字材料，比如公安简报、调查报告、讲话稿、人物事迹材料、应用案例、总结、计划等。再有规定、办法、细则等虽另有法规文书之称，但一般亦可归并于此。鉴于事务文书应用的广泛性与灵活性，其文种种数至今尚无明确而统一的认定。

（3）公安司法文书。公安机关依法受理刑事与民事案件时制用的文字工具，如现场勘查笔录、提请批准逮捕书、讯问笔录、破案报告、起诉意见书、治安调解书等。作为司法文书，它与人民检察院和人民法院以及其他执法机关的司法文书有着一定的法律程序上的联系。

2. 行文关系上的四种。

（1）上行文与下行文，这无须解释了。上行文如报告、请示等；下行文如指示、批复、通告等。

（2）平行文，即同级机关或不相隶属机关之间的行文，如甲市局与乙市局之间，某市局所属各分局之间的行文，如函、知照性通知、案例材料等。

（3）多行文，指既上送又下发还可普传的文书，如简报、通知、通告等。

3. 来源上的三种。

向外的“发文”、收到的“收文”和在一定范围使用的“内部件”三种。

4. 阅读范围与机密程度上的三种。

一般有公布件、机密件与内部件（3款里的内部件）三种。其中机密件即指因涉及党与国家机密或是公安工作机密而在一个时段内限定传达范围的公文。

二、公安文书“正文”的拟写要领

《办法》第5章第23条对草拟公文提出了六条原则性要求，其当然也是我们草拟公安文书的“指南”，所以先直录如下：

> 一、要符合国家的法律、法规，符合党和政府的方针、政策及有关规定，如提出新的政策规定，应加以说明。
>
> 二、情况要确实，观点要明确，条理要清楚，层次要分明，文字要精炼，书写要工整，标点要准确，篇幅要力求简短。
>
> 三、人名、地名、数字、引文要准确。时间应写具体的年月日。
>
> 四、公文中的数字，除发文字号、统计表、计划表、序号、百分比、专用术语和其他必须用阿拉伯数码者外，一般用汉字书写。在同一公文中，数字的使用应前后一致。

五、引用公文应注明发文时间、机关、标题和文号。

六、用词要准确、规范。在使用简称时，应先用全称，并加以说明。不写不规范的字。

如何做到这些要求呢，笔者认为应从如下两个方面入手。

（一）努力提高自身综合水平，尽快拥有良好的写作素质与较强的写作能力

写作学理论告诉我们，凡文章与作品都是写作主体综合素质与智能的发挥与体现，具体到公安文书写作，笔者认为拟文者应拥有以下的素质结构与智能条件。

1. 红色人生价值观以及在其指导下的社会责任感与事业心，并拥有健康而丰富的情感与审美取向。

2. 科学辩证的方法论，缜密而灵活的思维势态，除逻辑思维与形象思维以外，更拥有综合创造性思维能力。

3. 熟悉公安业务，拥有公安意识，通晓法律与政策，于管理承办、公关协调、统计调研、会务办案等日常工作中积累丰富的两个经验（直接与间接）。

4. 拥有较强的摄取信息（事实素材）的能力和认知反馈能力，具体包括观察调研、阅读上网、感受记忆、思考分析等。

5. 具有写作学、文章学、文体学、语言修辞学等基础理论知识与一定的写作能力（如构思能力、表达能力、修改能力等），基本把握公安文书写作之“必然”以及诸文种的写作规则。

以上五点，彼此渗透、互相作用，而且需要我们“笔警们”于长期的学习与实践过程中获得。

（二）把握草拟“正文”的若干要领

这里欲从选用材料、确定主旨、安排结构和优化表达四个方面做些原则提示与扼要说明，篇幅所限不再举例。

1. 关于材料的积与用。

（1）积者，是说文秘人要善于在平时生活与工作中摄取记存大量真实、新鲜又生动典型的信息材料（传统叫素材），届时拟写文稿就得心应手了。此外还要善于借助观察、调研、阅读，以丰富自设的“信息材料库”。

（2）用者，是指正文的用料要精选，以确保文书内容的真实可靠、生动漂亮。再就是届时还须讲究个“量”字，既避免单薄又切忌臃肿，为此自然还得动用剪裁之功了。

2. 关于主旨的确定。

（1）首先应该明确公安文书“群体”的主旨具有统一性与客观性，前者是说所有的公安文书皆有着一个共同的主旨，那就是宣传的方针政策、执行法律打击犯罪、维护社会秩序与公众安全；后者客观性是说公安文书既是公安机关开展工作实施管理的文字工具，那么其主旨的确定自然应百分之百地来源和服从于客观运作上的实际需要，而与拟写个人无关。尤其是办案类文书，其主旨（结论）则更是绝对地由事实和法律二者决定，喻为公式即 A + B——C。这一点跟新闻稿件与文学作品有着原则性区别。

（2）公安文书正文的主旨（基本观点或曰意见、要求等）乃一篇文书的灵魂所在，文书的效力作用也将由它来体现，所以拟写文书，必须确保主旨的最佳确定。所谓最佳，大者应合乎法律与政策，小者要有的放矢，切实可行。另外还要注意两点：一是要单一化，所谓一文一事一旨（当然还需注意文种间具体细别）；二是要直露化，切忌含糊不清、模棱两可之类。

3. 关于结构的安排。

(1) 公安文书正文的结构安排跟一般公文一样，也讲究平直、严谨、富于逻辑性，而且逐渐形成了“开头—主体—结尾”的程式。

(2) 注意过渡与照应。先说过渡。为有利于读者的阅读，应确保行文段落的分明与过渡的自然顺畅。为此离不开过渡词语的使用，诸如“鉴此”“所以”“一方面……另一方面”“综上所述”“总而言之”等。再者一些文种固定用语亦有着很好的过渡效应，如报告、请示、提请批准逮捕书、起诉意见书等。再言照应。一篇公安文书的正文务要注意两种照应：一是正文内容与文种之照应（相吻合），如不能将报告的内容写进请示、询问笔录里的内容也不能跟讯问笔录的颠倒（前者是问知情人、证人的，后者是问犯罪嫌疑人的）；二是从文书流程的角度还需注意相关文种内容的前后照应，如请示与批复、退回补充侦查决定书与补充侦查报告书等。此外公安文书也同一般文章一样，还有个正文头尾的照应。

4. 关于表达的优化。

笔者认为大家要从三个层面下功夫：一是遣词炼句，二是表达方式的运用，三是章法的选择。

(1) 遣词炼句的十字要求。

毛泽东同志曾于 1958 年，对一般党政行文的语言表达提出了三性要求，即“准确性鲜明性生动性”，今天我们的公安文书也应朝着“三性”目标去努力。针对眼下公安文书的文字表达实际，笔者再具体地提出十字要求，即准确、简练、规范、得体、生动。

准确，似不必过多解释了，这里仅强调两点：一是认知准确是用语准确的先决，二是修辞学里有一种模糊修辞之说，它在公安文书（特别是其中的司法办案文书）里也常有使用之时，我们称之为模糊性准确。

简练，是说“文贵精、言贵简”，为此一是写时力求节约字句，二是成文后注意修改，“竭力将可有可无的字、句、段删去，毫不留情”（鲁迅语）。当然也要防止苟简，别因简而害意。

规范，一指汉语语法之规范，二指术语和时政词语之规范，三指文种固定语之规范。

得体，指正文语气措词应与文种、行文关系和具体内容相协调。

生动，公文语体风格虽与文学作品大相径庭，但其实它也欢迎生动活泼而厌烦呆板与老套。为赢得生动建议大家：一是尽量不用或少用已失去信息值的俗旧词语；二是力求句式与表达方式的变换多样；三是适当运用积极修辞，如比喻、摹状、设问、引用、排比、层递等。

（2）三种表达方式的交叉使用。

现代写作学告诉我们，表达方式是句与段的语言体裁，作为文章或作品的构件，其属于语言表达范畴。一般认定有记叙、说明、议论、描写、抒情和对话六种正式，变式则有夹叙夹议、叙描结合、边叙边说等。而记叙、说明和议论的交叉结合是公安文书表达方式的定式。

记叙，要注意有重点、有详略，常用方式有概叙、分叙、补叙和引叙四种。

说明，要注意客观真实、抓住特征、介绍有序。常用方式有时间说明、空间说明、比较说明、特征说明、举例说明、数字说明和图表说明等。另外，在公安办案文书里，文后附件和照片实际上也起着说明的作用。

议论，公安文书里的议论有两个特点：一是精要性，即很少大量发论，一般是在陈述事实、说明情况的基础上给予精当的议论，亮出发文机关的看法、观点与态度；二是客观性，即公安文书里的议论，实质上是一种客观而冷静的证明，特别是办案文书，在事实、证据和法条三种论据基础上得出的结论自然是客观的、排他的。显然这与学术论文的“创见与争鸣”本是两码事。常用的议论方法有归纳、演绎、事证、引证、比证、析证和法证七种。

（3）四种常用章法。

公文与文学作品不同，历来讲究平实庄重的直笔，但为赢得“传递效应”，从正文整体而言，适当运用若干古今行文之章法也是必要的和有益的。根据笔者所见，于此介绍常见的四法。

一是一旨贯中，首尾圆合。即起段说明与交代背景情况，而后再进入主段着力叙议一番，最后尾段拿出意见、得出结论。此为公安文书最为常用的章法，而且跟开头主体结尾的结构布局相契合。

二是承接递进，环环紧扣。承接递进者，步步为营地铺叙开来；环环紧扣，是说正文的中间部分要写得井然有序，或总或分或先或后或详或略地照应前文并为尾段的画龙点睛做好铺垫，如此全文自然赢得层次分明、头绪清晰之美感了。当正文事由多、头绪多时，正是此法的用武之地。

三是纵横正反，两相对比。对比本是人们认识事物的一个基本方法，进而亦是文章的写法了。像报告、人物事迹材料、案例材料和调研报告等便常常需用此法。至于用正反比还是纵比或横比，则又该因文而宜了。

四是犯中见避，同中求异。其本是我国古典小说里的一个高妙笔法，犯者，内容重复，避者，同中见异也，此法要意就是遇着内容相近甚至重复时，则要千方百计地尽量写出不同来。公安文书虽非文学作品，但为避免空泛俗套、缺少新意，便可适当借鉴此法了。

除上述四种，像传统的春秋笔法、画龙点睛、片言居要等也都间或有所运用。

最后再说明一点：就公安文书写作而言，还有制作步骤与文面格式两个问题，其在笔者参与编写的中国人民公安大学出版社于1994年3月出版的高自考教材《公安秘书学教程》里都有很好的阐述，感兴趣、想学习的朋友们可以找来自行参阅。

（写于1995年2月）

第二辑　评　论

文采风流今尚在

三国时期曹操的政绩武略人们是比较熟悉的，这里欲跟读者朋友们再谈谈曹操的“文采”。

大家知道，曹操于“外定武功”的同时，还热衷于“内兴文学”（他很有艺术细胞，据说他的草书、音乐和围棋当时也是一流的）。他不仅以“领袖”身份支持和鼓励当时邺下文人集团的文学创作活动，① 从而促进了建安（汉献帝年号，公元196—220年）文学的蓬勃发展，而且他自己还于戎马倥偬之余吟诗撰文，从而丰富了建安文学的实绩。以至于鲁迅先生从我国古典现实主义文学发展轨迹的角度称赞他是“改造文章的祖师”（详见《魏晋风度及文章与药及酒之关系》）。

---

① 邺下，即邺城，又称邺郡，故址在今河北临漳县西南漳河岸畔，与磁县交界处。由于漳河多年发泛滥，故城已不见，只铜雀三台尚存二台残迹。邺城原为冀州魏郡治所所在地，袁绍军政集团的都城。公元204年曹操打败袁氏兄弟（袁熙和袁尚）占领此城后，即成为曹氏集团军政大后方和文化中心。公元206年曹操封王后，定为都城（曹丕称帝后又增定原许都为另一个都城，并更名许昌）。

其创作上的成就首先在诗歌，而且代表了建安文学的最高水平。他现存的诗作有20多首，全部用的乐府歌辞的体式。内容上主要有两个方面：一是动乱社会现实之写照，如《蒿里行》（那“白骨露于野，千里无鸡鸣”的名句即出于该作）、《薤露行》《苦寒行》《却东西门行》等；二是抒写自己统一天下的雄心壮志和生命不息、战斗不止的积极进取、勇于斗争的精神气质。比如，《短歌行》《步出夏门行》（如今流传较广的《观沧海》和《龟虽寿》即为其中的两章）等。当然，除这两类以外，还有少量的纪行（写景状物）诗和虚幻的游仙诗。这些诗作内容上既反映了社会现实又体现了时代精神（包括对他个人政治抱负的倾吐），在艺术表现形式上也颇见创新之长，他学习乐府旧题但又不拘泥于原有的音律句式，而是服从抒情表意之需要，将四言、五言甚至杂言灵活兼用。语言风格又一反浮华靡丽之风，而颇具质朴自然、得体刚健之美。因此赢得了“幽燕老将，气韵沉雄”之赞语（《敖陶孙诗评》）。另外，前面提到的鲁迅所言（“改造文章的祖师”之赞）显然亦应该包括他的诗歌创作。

至于他的散文多为古代军政公文（表、书和令等），而并非现代文学范畴的咏物抒情散文之类，可还能写得质朴生动、情理并茂。特别是他能大胆突破骈偶化的陈俗旧窠，善于用简洁的文字直言其事其意其情其理，读罢给人以“清峻通脱”之美感。同时他还提出“为表不必三让，又勿得浮华”的主张（转引《文心雕龙·章表》），并认真付践于自己的笔间，这岂不正是一种进步与革新吗？且举其中两例：

《让县自明本志令》一文用直白简练的语言，将自己一生的心事开诚布公地披露于世人。文中那“设使国家无有孤，不知当几人称帝，几人称王”一句已成脍炙人口的名句。

《军谯令》则是他率军经过家乡谯郡（今安徽亳县、涡阳一带）时（建安七年，公元202年）为抚恤将士家眷亲属而拟就颁布的，全文不过80余字却真切地表达出他对战争环境下饱受苦难的家乡父老的同情和对将士亲属的关怀。且全录于兹：

> 吾起义兵，为天下除暴乱。旧土（指谯郡）人民，死丧略尽，国中终日行，不见所识，使吾凄怆伤怀。其举义兵以来，将士绝无后者，求其亲戚以后之。授土田，官给耕牛，置学师以教之。为存者立庙，使祀其先人。魂而有灵，吾百年之后何恨哉！

除诗文创作以外，在现存的《魏武帝集》里还有3篇“赋”，可惜已残缺不全了。

曹操不仅是杰出的政治家、军事家，而且还是一位杰出的文学家。他不仅凭其政治上的领袖地位，开创和推动了“彬彬之盛”（《诗品·序》，的建安文学的新局面；更以自己富于创新精神的诗文作品炼造了“志深而笔长，梗概而多气”（《文心雕龙·时序》）的建安风骨、丰富了建安文学的实绩。难怪唐代大诗人杜甫在《丹青引赠曹将军霸》① 一作中有“英雄割据虽已矣，文采风流今尚存”之赞句了。

（原载《新闻聚焦》2011年11月，后收入《阿良评说三国》）

---

① 曹霸，乃是曹髦之后，唐代著名画马大师。诗人杜甫由曹霸联想起其祖曹操。

小霸王创业有方

孙坚长子孙策（字伯符，今浙江富阳人，其弟称帝后追谥长沙桓王）特别让人佩服的是他的创业精神和不信邪精神。

他自幼随父闯天下，父亲猝然中箭而亡后他一度效力于军阀袁术。他一个 17 岁的小伙子没少为袁术卖力气（如《三国演义》第 15 回说他成功征伐泾县和陆康等）。可骄狂的袁术偏又不重视不重用他，本来袁术曾先后许他领九江太守和庐江太守，可临了又另派他人。对此他着实失意过、伤心过，更苦恼过，可他并没有就此意志衰退、怨天尤人，而是穷则思变，最终采纳其父老部下朱治和自己的朋友吕范之谏，以那个要了老爸命的传国玉玺为抵押，借得三千人马，毅然别了袁营向江东扬州一带发展去了。

这步棋走得高，因为就当时军伐割据的形势来看，淮南有袁术、冀州有袁绍、兖州有曹操、幽州有公孙瓒、徐州有刘备、荆州有刘表……只有江东那里的刺史刘繇还立足未稳，对孙策而言，可算块创业的风水宝地。

他自己本来就英勇善战，又兼能招贤纳能、集思广益，所以上路之初，在周瑜、张昭和张紘等人的鼎力相助之下，军事上一路顺风：打败了刘繇、赶跑了严白虎和王朗，随后又连下了吴郡、乌程、嘉兴和会稽。其间也曾吓死樊能、挟死于麋、生擒太史慈等，于是“小霸王”之威名一时于江东不胫而走。随后又剿除了宣城山贼。至此，江南皆平，他本人也赢得了江东百姓的拥戴。

再看他外交上的几步好棋。头一招就是借助远强曹操之力，敢对野心家袁大佬（袁术）说“不”。不仅用讨要玉玺之策向袁术施压，更毫不客气地回绝了袁术的借兵之求。待到公元 197 年袁术称帝时便跟其彻底“拜拜了”！对曹操呢，则先保持尊重亲善的态度。比如，他立足江东后立马给曹操写信通报情况，以赢得曹操的支持与信任。曹操出于“统战意识”，也礼尚往来地表封他为骑都尉、袭乌桓侯，领会稽太守，甚至双方还有了婚姻之约（曹仁之女，嫁给他的小弟弟孙匡为妻）。一次，当曹操请他打袁术，他为了保存自己的实力避免吃亏，便明智地纳张昭之谏，来个低调处理：向曹操提出请曹操亲自南征，他为后应的建议。不久，曹操果然率 17 万大军南下伐袁术。草包袁大佬一时陷于四面夹击（刘备在南、他在西、吕布在东）之中。寿春一战更让袁大佬元气大伤，劲敌袁术的死期不远了！

至此几年功夫，在那你争我夺、纵横捭阖的三国初期，他有了枪杆、有了地盘、更有了文臣武将，实现了其父加固东吴基业的宿愿。看起来要比“大耳贼”刘备之创业快多了。

据史书记载，针对吕布、袁术已亡，曹操和袁绍两家又相持官渡的有利形势，他还拟部署兵力北上图曹。可惜不久他竟遇害身亡、赍志长逝了。关于死因，《三国志》卷 46 和《三国演义》第 29 回做了一致的陈述，即被仇家原吴郡太守许贡之家客所暗算，中箭后伤重而亡。时年不过 25 岁，一代英豪，结束了短暂而辉煌的一生。

不过《三国演义》里又根据《三国志·吴书·孙策传》裴注引《搜神记》故事加写了他先怒斩道教徒于吉，而后于吉又索其性命的情节。

大意是说道教徒于吉，当时在江南一带十分活跃，其靠行医治病宣传宗教（这跟当时更为有名的张氏兄弟在北方传播太平道很相似），一时颇成气候，以致赢得百姓和士大夫们的崇拜，都尊称于吉为“神仙”。小说里说他正在城楼上开招待陈震的外交宴会，可只见楼下众百姓正对于吉焚香朝拜；史书上也记载一次他在吴郡城楼上举行宴会，可正赶上于吉路过楼下。参加宴会的不少将领宾客竟撤席下楼拜见于吉。

孙策认为这“妖道”对创业之初的江东之安定颇为不利，他可不希望江东再出现个什么“黄巾”作乱。同时为了笼络地方实力派，打击各种对立面，便决心先拿“幻惑众心”的于吉开刀。可是于吉似乎并没有被杀死，反之又每每对箭伤垂危的他施以挑衅，甚至竟成了他的催命鬼！

对于孙策我们说他虽有性情急躁的缺点，但他并不少谋（曹营的智囊郭嘉曾评价他说“轻而不备性急少谋”，笔者对此不敢苟同），因为他虽性略急，但并不少谋，更有穷则思变、广纳良谏、敢于创新和不糊涂、不因袭、不惧权威之长。至于他在怒斩于吉的故事里所表现出来的大无畏的“不信邪”精神，在那个时代更是难能可贵的，正如毛宗岗所云“孙策不信于神仙，是其英雄处”。

（原载中国专家学者协会会刊《前锋》2015 年 12 月版）

马谡命案思辨

马谡，字幼常，今湖北宜城南人，马氏五兄弟之一，因失街亭而被诸葛先生斩首的故事可谓家喻户晓。再加上小说和舞台的形象效应，所以在古今读者眼里马谡自然成了妄自尊大、盲目自信和满脑子“军事教条”的可笑又可憎的丑角。其实细想起来亦不尽然！

马谡本来是个有点水平的军事参谋，《三国志》里说他是“才气过人，好论军计，丞相诸葛亮深加器异……”。就是在《三国演义》里其高超的智能也时有表现。比如，在《三国演义》第87回中，诸葛丞相拟兴师平定南蛮，他及时进谏道：“愚有片言，望丞相察之：南蛮恃其地远山险，不服久矣。虽今日破之，明日复叛，丞相大军到彼，必然平服；但班师之日，必用北伐曹丕，蛮兵若知内虚，其反必速。夫用兵之道，攻心为上、攻城为下；心战为上、兵战为下。愿丞相但服其心足矣！”这话竟让那神机妙算的孔明先生十分佩服，便脱口说出“幼常足知吾肺腑也”的话来。再如，《三国演义》第91回中，曹丕驾崩，曹睿继位，司马懿领骠骑大将军。不久曹睿还恩准了司马懿提督雍、凉两处兵马以御西蜀之请求。他见孔明先生对此十分忧虑，便又当即献上反间一计：建议诸葛先生派便衣到洛阳、邺郡等处散布流言蜚语说“司马懿欲反”云云，同时四处张贴“司马懿告示天下”之榜文……结果效果蛮好，惊疑之余，曹睿真的把司马懿大帅打发回家了。

至于失街亭一事，笔者认为主要问题是诸葛先生错用了他！据《三国志》卷39所载，当时帐内众人皆认为让宿将魏延、吴懿为宜，只诸葛先生一人“违众拔谡”，非要任命他领兵前去守街亭不可，原因嘛，自然与当时西蜀人事矛盾有关，于此不细说了。可诸葛先生忘了马谡之长在于“参谋”，而压根没有实地指挥作战的经验。有的朋友可能想起了《三国演义》里的两个细节：一则马谡毛遂自荐、二则诸葛亮“忘了先帝之言”（“言过其实，不可大用”），据此认为其错主要在马谡本人！笔者则不以为然，因为那两个细节其实不过是作者罗公为了维护诸葛先生“一贯正确”的有意编纂。

话又说回来，既是诸葛先生错用，那么事后的“斩马”自然也值得商榷了！这回我们且不论马谡事先是否真的立下“军令状”，就算真的立了军令状，就一定要杀吗？起码对诸葛先生而言，不杀“立状”之败将的先例是有的。那就是关羽华容放曹那回（见《三国演义》第50回和第51回）。熟悉三国历史的朋友们都承认，“放曹”之罪绝不亚于“失城”之罪吧，可就因为关羽有“主公”刘备的说情（“昔吾三人结义时，誓同生死。今云长虽犯法，不忍违却前盟，望权记过，容将功赎罪”），诸葛先生便只好让关二爷逍遥法外了。而这回倒也有人（参谋蒋琬）为马谡求情，可权威性远不及刘大主公了，因此诸葛先生便没有恩准，到底还是斩了马谡。您说，马谡是不是有点冤了！

以上思辨倒并无贬低诸葛先生之意，只是想说古今坚持公正执法并非易事，执法者必须一有公心、二不唯上、三有依法量情而恰当裁决的高水平。

（原载《人民公安报》2003 年 2 月 10 日）

孙郡主的婚姻悲剧

因为逢年过节便看大轴京剧《龙凤呈祥》，所以常常为孙尚香的婚姻悲剧感慨一番。她是孙坚次妻吴国太之女，孙策、孙权的同父异母之妹，故人称孙郡主。又因其性情作风果敢刚猛又好习武，故有“枭姬”之称。让我们再简单回顾一下这场婚姻悲剧的大略：

> 话说赤壁大捷后东吴为要回宝地荆州，君臣可谓颇费计议。值刘备之妾甘夫人去世之际孙权与周瑜又捏鼓出一个美人计：即以嫁妹为由，将刘备诓至南徐（也叫南徐州，今江苏丹徒）做人质，以换回荆州。可凭着诸葛亮的锦囊妙计、乔国老的斡旋、吴国太的力主与她本人的情愿，这事竟弄假成真，于建安十四年（公元 209 年）她与刘备真的做起了夫妻。次年正月（建安十五年，公元 210 年），她毅然辞母别乡同刘郎共返那是非之地荆州。可在荆州的“鸳鸯梦”不过区区两年，于建安十六年（公元 211 年）刘备就撇下“孙娇娃”带兵奔了西川。她独自在荆州的一年，在赵云的监护之下，成天只与甘

氏所生的阿斗为伴，心情自然郁闷之极。次年（公元212年）东吴欲袭荆州，鉴于她的安全，孙权便又纳张昭之计，以母亲病危为由将她诓回东吴（临行时她怀中阿斗又被赵云和张飞夺回），从此她和刘备天各一方，再未团圆。10年后（公元223年），已俨然称帝的刘备为报杀弟（关羽）之仇，自率75万大军伐吴，结果刘备兵败夷陵、命丧白帝城永安宫。孀居东吴宫闱达10年之久的她误以为刘备死于乱军之中，便觉万念俱灰无以为生，遥望“西方”哀哭一场后便投江而亡了。

对这场喜酒里含有政治砒霜的婚姻悲剧，历来人们都指责孙权和周瑜，甚至迁怒于吴国太和刘备。对她本人则更多的是同情与不平了（今有安徽芜湖县西7里处长江边的枭姬祠和今湖北公安县西的孙夫人城为证）。不过笔者却认为她自己倒也该负六七成责任呢。因为她之失算起码有两点：一是盲目信母，竟把自身的命运全然交给了母后，说什么“有母后作主料然无事”，以致把这位糊涂妈妈半路捡起的“孽缘”，看成“龙凤呈祥”；二是作为郡主的她心存“皇后情结”，以为嫁给当今“皇叔”说不定有朝一日还能做个母仪天下的“第一夫人”呢！因此面对突如其来的“孽缘”，竟茫然无视其中诸多的荒唐与不祥，自然也就没能及时地说“不”，反而糊里糊涂地欣然接受！

如今好了，恋爱自由婚姻自主，父母之命媒妁之言那套早不灵了，可笔者还想对涉世未深的女孩子们做点善意的提醒：一是跟“老外”结亲千万慎重，别闹个中道分手身心两伤；二是对待爱情婚姻要严肃，千万别学拜金附势那一套。

（摘自《阿良评说三国》）

从黄奎被害说起

在《三国演义》第57回中有这样一段小故事，说的是西凉马腾奉朝廷之命（实则是曹操别有用心）带上三个少壮（老二马休、老三马铁和侄儿马岱）领五千人赶赴京城许昌。

那日在离许昌20里处屯驻人马。其时宫中侍郎黄奎奉曹操之命，以行军参谋身份来到马腾寨中慰劳军士并传达有关事宜。可他其实是个扶汉派，于是借此良机便私下悄悄对马腾说："曹操叫将军进城面君，必有歹意，您绝不可轻动。来日，您当勒兵城下，等曹操出城点军时，趁机杀之，将军扶汉灭曹之志说不定就会实现了！"这话让忠良马腾听了十分开心，于是马、黄二人开怀畅饮一番。俗话说酒逢知己千杯少，再看那黄奎竟喝得酩酊大醉……

话说黄奎回家之后虽然明智地未将这"倒曹扶汉"的机密大事告诉其妻，可偏偏于昏醉之际将这掉脑袋的事泄露给了小妾李氏！谁知那李氏正跟其内弟苗泽热恋呢，那花心苗泽为达到娶李氏为妻之目的，便伤天害理地于第一时间将这"晚间要闻"火速禀告了曹操。那曹操听了浑身直出冷汗，立即叫来曹洪、许褚、夏侯渊、徐晃等心腹大将如此这般地做了一番布置。

次日的情形可惨了！毫无防范的马氏父子三人被四员大将死死围困。马铁当场中箭而亡，马腾和马休则被曹军擒住（只马岱一人逃回西凉），随后爷俩连同黄奎一起被曹操“咔嚓”了。马将军临刑时骂声不绝，场面可谓十分壮烈！还别说，曹操倒是有眼有心之人——随后连那不义的花心狗苗泽也砍了！

总之黄奎好心办坏了事，根子就在一个“酒”字上！而花心狗苗泽毁人又害己，又栽在一个“色”字上。读着这段故事，再联想到如今在官场、商场，甚至演艺圈里屡见不鲜的因酒色败事亡命的悲剧，不是很发人深省吗？

所以笔者认为：固然“酒杯”在我们的日常生活、友情传递和商务外交等方面不可或缺；而正当的男女“情爱”更属人之常情，然奉劝大家于酒色上还是严肃对待，或节制或远离才好！

（原载《人文月坛》2017 年 3 月 24 日）

羊太傅故事

羊祜（公元221—278年），字叔子，今山东费县西南人。官宦世家并以清廉仁德扬名。父亲为上党太守、其母是蔡邕之女，其妻为夏侯霸之女，姐姐乃司马师之续妻。家教严格家学甚厚。魏末任相国从事中郎，参与司马昭的机密。司马炎登基之初，与他筹划灭吴事。泰始五年（公元269年）以尚书左仆射都督荆州诸军事，镇守襄阳。死后谥太傅、巨平侯，世称羊太傅。羊祜堪称文武全才，文字功夫也很好，名作有《请平吴疏》、《老子传》和他奉命修撰的《晋礼》《晋律》等。

他的故事流传很多，这里单讲讲他守土谋吴、临终荐将的故事。

泰始五年（公元269年），晋武帝命他率兵拒守襄阳都督荆州诸军事。他赴任后首先办学校、宣教化，此举深得民心。当时离襄阳仅700里的石头城①的吴国守军常来襄阳骚扰，他觉得不是个事，便了略施妙计让吴国自动撤掉石头城的守军。他呢？鉴此也及时将自己的戍边战士减半，用以搞军屯。几年下来垦荒八百余顷，积粮可供十年军需。他还效仿春秋鲁国孟献子和齐国晏弱②建筑城池以威慑邻国的办法，在边界险要之处建造了五座城池，如此广占了吴土蚕食了吴资。日子长了，石头城以西的大片土地都成了他们西晋的了。

可在非原则问题上，他对吴人又采取友善怀柔之策。比如，昔日降者想重返东吴的就绿灯放行，再者将士们在长江沔水聚众打猎时他嘱咐部下道："注意纪律，不许越出国界！"结果一场围猎，晋兵始终没一个越境的。有时还派人把先被吴人打伤的猎物主动给人家送过去。吴国镇东大将军陆抗见晋兵纪律如此严明便说："晋兵不可犯啊！"那时由于所辖地区政通人和，好多吴人还都自愿归附过来了（别忘了，当时吴国正处在末帝孙皓的暴政之下）。

当然两国边境③倒也有刀枪相见的时日子，可就是打仗他也很讲"道义"：比如，事先约定时间，从不搞突然袭击。吴将陈

---

① 石头城，又名石城，位于江苏南京市中山门外清凉山上。公元211年，东吴孙权称王时自鄂城（武昌）迁都建业，随后在清凉上楚国金陵邑旧址依山而建。城围3公里，西北临江，南设两门，东设一门。东吴军事要塞，还兼有商业码头之用。后因江水西徙，其失去军事意义。今设有清凉山公园。

② 孟献子与晏弱：孟献子，春秋鲁国著名外交家、政治家姬蔑（氏孟孙、献为谥号），曾促成鲁悼公霸业。他曾与晋国合筑虎牢关以遏制郑国。晏弱，春秋齐国大夫，晏婴之父。姜姓晏氏，谥桓。他曾奉齐灵公之命，在东阳筑城攻打莱国（今山东龙口市）。

③ "边境"，当时魏和吴都拥有的荆州辖域。魏者为今陕西、河南、湖北的部分地区；吴者则又为今湖北、湖南的部分地区。

尚、潘景被杀死后，他很钦佩其为国捐躯的精神，便予以隆重送葬，当二将家属前来迎葬时他也命将士们以礼接待。有一次俘虏了两个孩子，他还派人将他们送回家去。部队割用了吴国农田的谷子也总是以绢匹作为补偿送给农主。凡此种种，让陆抗很是感动与佩服，甚至说其道德气量虽乐毅、诸葛亮不能超过。一次陆抗病了，他派人送去药，陆抗左右都不让陆抗吃，可陆抗问道："羊将军能给人下毒吗？"

如此很长一段时间里，两国保持着相安无事的和平状态。可吴国孙皓之暴政愈演愈烈，官民朝野皆怨声载道。公元266年冬，孙皓又将国都自武昌再迁回建业，致使长江中游武昌一带军备松懈，等等。鉴此，他以为伐吴时机成熟了，便于晋武帝咸宁二年（公元276年）及时给司马炎打报告（著名的《请平吴疏》，见下篇），奏请即刻兴兵伐吴事。武帝司马炎倒是被他说动了，可因为以贾充为首的朝房一班的相阻，伐吴大事又暂缓了。鉴此他仰天叹道："天下事常常十有八九不尽如人意，今天不打，真是太可惜了！"

后来武帝恩准他回京养病，陪驾武帝时还当面奏及伐吴谋略，并在生命垂危之际举荐杜预以自代。不久（公元278年）因病辞世，噩耗传开，家乡父老和江南吴国守边将士无不哀伤落泪。二年后（太康元年，公元280年）杜预、王濬等诸将六路伐吴灭吴。在欢庆的国宴上，晋武帝举杯泪云："这都是羊太傅的功劳啊！"

《三国演义》里还有个感人的细节：司马炎亲自过府探病，于卧榻前君臣又言及伐吴事，他含泪举荐了右将军杜预。说完就把那举荐奏文给烧了。司马炎说荐人是好事，你何必烧奏文呢？他说："荐官朝堂却让人私下谢我，这样的事我是不干的啊！"说完就闭目辞世了。

羊祜公务认真又作风谦和、低调做人，所以朝野间口碑甚佳。他辞世后襄阳百姓为纪念他这位贤德的太傅，还在他生前经常驻足置酒言咏的舰山上为他建庙立碑，四时祭祀。其后往来游人读那碑文无不伤感流涕，故名堕泪碑。唐代诗人孟浩然有《与诸子登岘首》诗云：

人事有代谢，往来成古今。江山留胜迹，我辈复登临。

水落鱼梁浅，天寒梦泽深。羊公碑尚在，读罢泪沾襟。

（原载《阿良评说三国》，随后《中国老年报》2016 年 5 月 6 日有转载）

一篇识卓辞切的美文

读过《三国演义》的读者可能还记得在第120回，作者提到襄阳守将羊祜建议晋武帝司马炎及时平吴统一天下的故事，而且还引录了当时羊将军拟写的一段“表文”，大意是：江淮之险远不及剑阁，而孙皓之暴却又胜过刘禅。所以眼下吴国朝野之苦肯定也要比当年蜀汉那里严重。而我们大晋国的实力却比以往更加雄厚，鉴此，臣以为现在正是剿灭东吴统一四海的好时机啊，请陛下裁决！

这段文字实际上即滥觞于史书所载的羊祜所写的著名的《请平吴疏》。原来的《请平吴疏》本是一篇上行的公文（“疏”又叫“奏疏”，即封建时代臣僚向皇帝陈述政见的一种严肃的上行文，相当于如今的建议性报告），可因为文章内容真切、见解高明而又文辞谐美，故千余年来，在我国古代公文史上，一直被誉为是一篇颇有欣赏和借鉴价值的美文佳作。

该文首先体现了公文行文的必要性与现实性。当时西晋国势上扬，更有羊祜等得力军政官员镇守荆襄积极备战，屯田造船加紧操练；而东吴方面，上有孙皓暴政、下有百姓疾苦，军事上也是防御空虚、士气低落，所以平吴一统天下正是大势所趋；再就是原本东吴鉴于西蜀灭亡的教训，一度加强了长江上游的防范，并同时迁都武昌。可逐渐引起扬州民愤（因常年让他们溯江供应朝廷用耗，疲惫不堪），时有怨谣云：“宁饮建业水，不食武昌鱼，宁还建业死，不止武昌居。”结果几年后吴帝孙皓又还都建业。如此，长江上游一带自然更加空虚。

羊祜就是针对这些背景，对双方力量做了认真的分析，觉得平吴时机业已成熟，便上呈斯作。全文围绕着为什么平定东吴、怎样平定东吴以及预期结果三个问题展开论述，写得有理有据、丝丝入扣，富于历史的和逻辑的力量。

开篇作者有意拐了个弯子，先从历史宏观进程上，旗帜鲜明地拿出自己的见解和主张——以尧舜和先帝（指司马昭）顺应天下民心为例，自然导论出眼下正是平定东吴统一天下的好时机。这就一下子打动了刚刚登基不久的晋武帝，并强化了这位“皇帝”统一天下的决心。然后再从现实的角度，对昔日之汉（指已亡的三国蜀汉）和今日之吴做了一番对比，其中指出吴国的诸多不利因素，诸如王暴兵浮、志衰器弱和天险难用等。意在说明“平吴”不仅必要而且可能一举成功——这就进一步打消了以晋武帝司马炎为首的晋室统治集团的某些畏难情绪，而换来了平吴的信心。

接着笔锋自然转入“怎样打”的问题上，作者凭着高超的军事素养和他对敌我双方攻防实际的了解，一面摆出吴国的诸多弱点，一面有的放矢地提出了水陆并动分进合围的战术打法——向朝廷献上了一份切实可行的作战方案。于此赢得了该作论及的“平吴大事”的可行性和可操作性。最后水到渠成，以一个充满信心的预言结束了全文，认为开战不超过三个月就可以克敌制胜打败吴国。

另外，该作虽然内容属于是严肃的政论时论，可文字却生动流畅、富于文学色彩，以致令人于不知不觉之中，信其言、服其见、领其情，进而从其行也。两年后的灭吴事实亦证明了他的中肯分析和准确判断。

鉴于此，明末清初的金圣叹赞之曰："既慷慨又条直。目无全吴，心有寸心，其斯为羊叔子之妙。"

最后将《请平吴疏》原文附于此：

先帝顺天应时，西平巴蜀，南和吴会，海内得以休息，兆庶有乐安之心。

而吴复背信，使边事更兴。夫期运虽天所授，而功业必由人而成，不一大举扫灭，则众役无时得安。亦所以隆先帝之勋，成无为之化也。故尧有丹水之伐，舜有三苗之征，咸以宁静宇宙，戢兵和众者也。蜀平之时，天下皆谓吴当并亡，自此来十三年，是谓一周，平定之期复在今日矣。议者常言吴楚有道后服，无礼先强，次乃谓候之时耳。当今一统，不当与古同渝。夫适道之论，皆未应权，是故谋之虽多，而决之欲独。凡以险阻得存者，谓所敌者同，力足自固。苟其轻重不齐，强弱异势，则智士不能谋，而下险阻不可保也。蜀之为国，非不险也，高山寻云霓，深谷有肆无景，束马悬车，然后得济，皆言一夫荷戟，千人莫当。乃进兵之日，曾无藩篱之限，斩将搴旂，伏尸数万，乘胜席卷，径至成都，汉中诸城，皆鸟栖而不敢出。非皆无战心，诚力不足相抗。至刘禅降服，诸营堡者索然俱散。今江淮之难，不过剑阁；山川之险，不过岷、汉；孙皓之暴，侈于刘禅；吴人之困，甚于巴蜀。而大晋兵众，多于前世；资储器械，盛于往时。今不于此平吴，而更阻兵相守，征夫苦役，日寻干戈，经历盛衰，不可长久，宜当时定，以一四海。今若一引梁、益之兵，水陆俱下，荆楚之众进临江陵，平南、豫州直指夏口，徐、扬、青、兖并向秣陵，鼓旆以疑之，多方以误之，以一隅之吴，当天下之众，势分形散，所备皆急。巴汉奇兵出奇空虚，一处倾坏，则上下震荡。吴缘江为国，无有内外，东西数千里，以藩篱自持，所敌者大，无有宁息。孙皓恣情任意，与下多忌，名臣重将不复自信，是以孙秀之徒皆畏逼而至。将疑于朝，士困于野，无有保世之计，一定之心。平常之日，犹怀去就，兵临之际，必有应者，终不能齐力致死，已可知也。其俗急速，不能持久，弓弩戟楯不如中国，唯有水战，是其所便。一入其境，则长江非复所固，还保城池，则去长入短。而官军悬进，人有致节之志，吴人战于其内，有凭城之心。如此，军踰时，克可必矣。

（原载《人民公安报》2004 年 3 月 1 日第 7 版，羊祜之原作摘自《晋书·羊祜传》）

三国多少争嗣事

近日看安徽电视台晚间热播的电视连续剧《军师联盟》，其中曹操二子子桓与子建的“世子之争”，引起不少观众的注意，让笔者也联想起汉末三国时期各路军阀后院里几乎都有的立嗣之争。

河北袁绍死前已有三个能带兵打仗的儿子。大儿子叫袁谭、二儿子叫袁熙、三儿子叫袁尚。其中老三长得又帅又酷，深得袁绍喜欢，又有其母刘氏相催，所以袁绍即生废长立幼之念（让袁尚接班）。如此一来，不仅老大、老三两后生之间结仇生怨，连他们的谋臣之间也彼此隔心生隙，内讧的种子就此埋下了！接下来的就是官渡、冀州连遭惨败，袁绍呜呼袁尚接班。结果袁氏兄弟于“窝里斗”中很快业败人亡了！

再说荆州刘家的争嗣之斗是在夫妻（还有妻弟蔡瑁）之间进行的。刘表本有两个儿子，即长子刘琦、次子刘琮。长子刘琦生母已逝，偏又生性软弱；次子刘琮聪明可人，又是继室蔡氏所生，所以其母蔡氏及舅父蔡瑁自然是背刘琦而向刘琮了。如此虽然哥俩本身倒没像袁家兄弟那样斗得厉害，可立嗣之争确实也存在着。幸好有刘备明言提醒，刘表最终还是“内定”让老大刘琦接班。可等刘表病故之后那偏心的蔡氏姐弟到底还是扶了刘琮。结果没多少日子荆州集团就被南下的曹操弄得城丢人亡了。

江南东吴后院“接班大事”，虽然《三国演义》第108回只做了简单交代：“却说吴主孙权，先有太子孙登，乃徐夫人所生，于吴赤乌四年身亡，遂立孙和为太子，乃琅琊王夫人所生。和因与全公主不睦，被公主所谮，权废之，和忧恨而死，又立三子孙亮为太子，乃潘夫人所生。”

可在《三国志·吴书·吴主五子传》里对东吴的立嗣之争却有着比较详细的陈述：孙权原有七个儿子依次名为登、虑、和、霸、奋、休、亮。原以长子孙登为继。孙登谦和端正，可偏却英年早逝了。老二孙虑也已先亡了，故又立老三孙和为太子。孙和从师阚泽，文武双全，颇受朝臣赞信。可孙权自己偏又十分宠爱老四孙霸（封号鲁王）。据此，孙和、孙霸之间的矛盾斗争渐渐加剧。朝房文武亦相应地分出“向和、向霸”两派（比如鼎鼎大名的陆逊就是向和派，由此还得罪了孙权）。后来由于“亲霸派”一连串小动作的成功，致使孙权更失了主意，干脆把孙和、孙霸两个都踢开，另立八岁的老疙瘩孙亮为太子，至此孙家的这场立嗣之争才告结束。掐指算来足足上演了8年之久，不仅搞得当事人们筋疲力尽，就是朝房军政实力也多有削弱。事实上从孙亮到孙休再到孙皓，仅仅十二三年的工夫东吴就于内忧外患中灭亡了。

至于刘备一支，无论正史还是《三国演义》倒未见有立嗣争夺之事，不过有一个事实不能忽略：刘备之所以提前干掉了干儿子刘封，正是为亲儿子刘禅顺理成章地接班扫除“路障”。只可惜那蠢材刘禅实在不成气候，连高超贤能的诸葛亮都拿他没辙！以致最后到底还是把江山基业输了个精光。

话再回到曹氏集团，因为魏王曹操倒还明智，通过几番审视考量，认为从政曹丕似乎比曹植更合适一些，再者又有司马懿等一班智囊高参的有力“支丕”，所以最终还是恰当而平顺地确立了长子曹丕为接班人。进而很快实现了“以魏代汉”的终极目标。不过登基后的文帝曹丕对曹植仍耿耿于怀，欲置曹植于死地，那著名的七步成诗的故事便是佐证。

如今不讲世袭立嗣那一套了，但人事任免和干部的新老接替仍然十分敏感，必须要谨慎为之。一是要防止任人唯亲和论资排辈之类；二是必须严格实施品德与能力考量以及公示和公议的步骤，以保证新任者的高质量。

（原载《银龄之声》2017 年第 4 期）

用到恰处笔胜兵

旧时有“一檄抵万兵”之说，《三国演义》里也有几个“以笔胜兵”的故事。

先说赤壁对垒期间，东吴老将抗曹英雄黄盖给曹操写诈降书的故事（详见《三国演义》第47回）。故事前后大家都很熟悉了，这里只重点将那封诈降书原文引录如下：

> “盖受孙氏厚恩，本不当怀二心。然以今日事势论之：用江东六郡之卒，当中国百万之师，寡不敌众，海内所共见也。东吴将吏，无有智愚，皆知其不可。周瑜小子，偏怀浅戆，自负其能，辄欲以卵敌石；兼之擅作威福，无罪受刑，有功不赏。盖系旧臣，无端为所摧辱，心实恨之！伏闻丞相诚心待物，虚怀纳士，盖愿率众归降，以图建功雪耻。粮草军仗，随船纳献。泣血拜白，万勿见疑。”

仔细读来便知该信确实写得巧妙恰切，颇具“杀伤力”（让曹操很容易相信）。信的核心意思有两个：一是黄盖表明自己尊曹惧曹、轻瑜恨瑜的心态及其缘由；二是表明归降目的是建功雪耻。因为前有苦肉计的铺垫，所以很容易让曹操理解和相信，再加上后来阚泽献书的绝佳配合，终于让那生性多疑的曹操确信无疑了。如此便为后来的火攻，赢得很理想的操作条件——黄盖率领的火船先锋队顺利挺进北岸时，踌躇满志的曹操起初还真以为黄盖来降呢。再后来自然就是东风伴着大火把曹操烧回了北方！

第二封是诸葛亮二出祁山那次（公元228年）姜维写给魏方大都督曹真的诈降书信（详见《三国演义》第97回）。

具体的情节是：当时因蜀国先锋魏延久攻陈仓不下，诸葛亮便纳姜维之言命魏延把住陈仓道口，再派人卡住街亭。然后孔明自领大军偷袭祁山。为策应全盘部署，斯时姜维便派心腹小校去魏营给大都督曹真送上一封诈降书信。信文如下：

> 罪将姜维百拜，书呈大都督曹麾下：
>
> 维念世食魏禄，忝守边城；叨窃厚恩，无门补报。昨日误遭诸葛亮之计，陷身于巅崖之中。思念旧国，何日忘之！今幸蜀兵西出，诸葛亮甚不相疑。赖都督亲提大兵而来：如遇敌人，可以诈败；维当在后，以举火为号，先烧蜀人粮草，却以大兵翻身掩之，则诸葛亮可擒也。非敢立功报国，实欲自赎前罪。倘蒙照察，速赐来命。

该信要旨也有两个：一是直言当初降蜀实出无奈，世食魏禄至今不忘。如今幸得机会故愿赎罪回归。二是向曹真提出了具体的行为要求以期配合（实则是下钓饵引魏军上钩）。那曹真本疏于战策又邀功心切，故轻易地信以为真了。于是先赏了送信小校，又命他回报姜维再约定会合日期。结果赴约那天魏军自然上当了：魏军5万人马腹背受敌死伤无数，领兵的魏将费耀气愧之下拔剑自刎了（曹真听了费耀的劝阻才没亲去“赴约”，可叹费耀自己成了曹真的替死鬼）。逃过一劫的曹真懊悔不及立即报奏圣上，明帝纳司马懿之谏下诏令“务在谨守，蜀兵退时方可追击”。蜀营这边呢，孔明重赏了姜维，还说可惜大计小用了，意思是费耀当了替死鬼，没能拿了魏军主帅曹真。

第三封是诸葛亮馈赠给曹真的“辱骂书信”（见《三国演义》第100回）。

事情发生在姜维诈降赚曹真的两年之后，即公元230年。诸葛亮三出祁山，当时司马懿、曹真以陈仓为前沿驻地率军攻汉中，因遇连绵雨天，月余陷入进退两难之间，魏明帝便下诏班师回朝。对此，诸葛亮做出不急于追击、令其远去后再出斜谷取祁山的总体部署（具体说来即一路出箕谷、一路出斜谷、他自领大军随后接应）。再说当时魏方两位大帅就蜀军动向问题估测颇有分歧：曹真误认为蜀军根本不知其退兵，因此也不可能有追兵；司马懿则准确地猜出诸葛亮的策划（待魏军退远后再兵进祁山）。就此二人还打起“赌”来。而后二帅各守一谷（曹真屯斜谷口、司马懿屯箕谷），想着10日内定见分晓。结果第七天戒备松懈的斜谷口一处出大麻烦了：蜀军先扰后骗，魏军副将秦良战死，不少魏兵被俘。继而蜀军两股人马杀进魏营放火毁寨，曹真只得弃寨狼狈东逃。危急关头，亏得前来救援的司马懿杀退蜀军。随后司马懿命魏军移至渭河岸边重新扎营备战。

再说此时连吓带气的曹真竟卧病营中。诸葛亮闻之，想那曹大都督肯定病得不轻，便又生一计：好言安抚日前投降的魏兵，让他们回归魏营并带一封书信给曹大都督。那信文如下：

汉丞相·武乡侯诸葛亮，致书于大司马曹子丹之前：窃谓夫为将者，能去能就，能柔能刚；能进能退，能弱能强。不动如山岳、难测如阴阳；无穷如天地，充实如太仓；浩渺如四海，眩耀如三光。预知天文之旱涝，先识地理之平康；察阵势之期会，揣敌人之短长。嗟尔无学后辈，上逆穹苍；助篡国之反贼，称帝号于洛阳；走残兵于斜谷，遭霖雨于陈仓；水陆困乏，人马猖狂；抛盈郊之戈甲，弃满地之刀枪；都督心崩而胆裂，将军鼠窜而狼忙！无面见关中父老，何颜入相府之厅堂！史官秉笔而记录，百姓众口而传扬：仲达闻阵而惕惕，子丹望风而遑遑！吾军兵强而马壮，大将虎奋而龙骧；扫秦川为平壤，荡魏国作丘荒！

俗话说，躲过初一，躲不过十五。曹真看罢，恨气填胸，至夜死于军中。司马懿命人用兵车装载尸体，送洛阳安葬。

笔者认为这封书信之所以拥有那么大的“杀伤力”，就因为它意锐辞厉，好似三个重拳，狠狠砸向了本已气愧难持的曹真。一拳讥其庸（指出其不学无能以致屡吃败仗）；二拳臭其名（指出其已声威扫地，既难向朝野交代，更将遗耻后世）；三拳攻其心（指出蜀军必胜魏军必败的前景）。难怪曹真看后立马“栽了”呢。

另外，《三国演义》还有两个为施反间而“篡改信文”的故事。请读者自看第59回“许褚裸衣斗马超　曹操抹书间韩遂”和第119回“假投降巧计成虚话　再受禅依样画葫芦”。于此不赘。

看来笔杆子在古代战事里确实是颇具杀伤力的特殊武器呢，如今兴信息战，各类媒体（包括文字）宣传不是也很活跃吗？

（摘自《阿良评说三国》）

进退之间有学问

《三国演义》看点之一是战事写得生动感人。比如，徐州下邳之战、官渡之战、赤壁之战、夷陵之战等。作者罗公不仅借助战事刻画出那些将帅的性格精神，还于战事哲学方面给予后人很多启示。比如，战时的“进退”问题，就颇有学问。

比如，曹操与袁绍官渡一战，相持一个多月了，曹操感到兵力疲惫，军需粮食等又供应不上，曹操便又生退兵之念，可又怕袁绍来个反扑追歼。踌躇不决之际便派人送信至许昌，征求坐镇许昌的高参荀彧的意见。那荀彧很快于回信里拿出自己“不可退只需等”的意见。理由是说袁军虽众可没战斗力，我军虽少，但还不比当年楚汉双方在荥阳、成皋之间的形势啊。所以我方只要“画地而守”卡住袁军喉咙，使之不能前进。待一旦出现转机时，正好来个出奇制胜……那曹操听了荀彧的话，决心打下去。于是先把袁军赶出 30 里之后静观其变。结果不久真的出现了一系列利于曹操的大好事：诸如劫运粮车队、许攸投诚献计、烧乌巢粮库和张郃、高览倒戈等。眼看“防守反击”的时机终于到来，便一个重拳打败袁绍 8 万大军，袁绍自己也仓皇过河北逃了。

可话又说回来，有时依照开战双方及天时等诸多因素确实需要先退下来，可偏还撑着不退，那也要吃大亏了！比如，公元228年，魏吴石亭（今安徽潜山北）之战亦然。当时魏国顾命重臣、扬州司马大都督曹休被吴国鄱阳太守周鲂所骗，欲先得皖城再占整个鄱阳郡。那日他误听周鲂之言率数万大军兵驻石亭，结果中了吴军埋伏，死于箭羽和飞石的魏兵不少，先锋张普又被徐盛杀得大败而回。照理本该退兵再做计议，可自以为能的曹休还妄图“出奇制胜”，便盲目地做出次日的作战方案（他自引一千搦战佯败。然后让张普和薛乔南北夹击吴兵……）可吴方主帅陆逊当日黄昏就命朱桓和全琮各引3万人抄了他的后寨。先锋张普被斩、薛乔败逃，溃败的魏兵回逃当中更是自相冲击，死者不计其数。就连曹休本人要不是得贾逵将军的鼎力救援，死活还两说着呢。可事后他毕竟还是气忧羞愧成病——背发毒疮痛苦不堪——不久亡故于洛阳了（详见《三国演义》第96回）。

还有一种情形就是本不该打偏要打，出师不利还不思撤兵。这又如魏吴新城一战。吴太元二年（公元252年）孙权死后孙亮继位。大将军诸葛恪靠孙峻等人的支持灭了政敌孙弘，成为了吴国大拿。开始诸葛恪还真取得一些政绩，也赢得一些臣民之心。特别是建兴元年（公元253年）的东兴大捷更让吴国上下对他很是佩服。可他从此狂傲起来，就在东兴战事的第二年（公元254年），他竟生得夺取中原之念。满朝文武都以多次征伐将士疲劳为由百般劝阻，可他不以为然，一意孤行地调集各州郡兵马20万大军直奔淮南边界并派兵直接包围了新城。结果一下子自陷于泥塘，几个月攻城不下。指挥层内也失和，有的高级将官因提意见而被撤职、有的干脆倒戈降魏去了；而基层士卒们又因不堪炎热多染疾病，死了的、被俘的不计其数。直到他自己在浔阳小洲休养一个月后万般无奈，才于秋天领兵返回了。回朝不久他就落得死无葬身之地的悲剧下场。

战场上求胜之心人皆有之，可还得看具体情况，于此知己知彼、实事求是是绝对必要的，该进则进、该退则退，务要把握好时机与火候，切不可错失良机、一味蛮干。此种道理，难道仅仅适用于战事？

（写于 2015 年）

名作再议随记

近来与一位来访的年至天命的文友再次认真切磋与研讨了唐代杰出的思想家、哲学家、教育家韩愈的名篇《送孟东野序》（以下简称《孟》），过程中不乏枝节异见，但最终彼此取得了不少原则性共识，且记录如下以与朋友们更广泛地交流。

共识之一就是对《孟》文的总体理解与评价：斯文以宽慰劝勉即将走马上任的孟郊为由头，以“鸣”字立骨，形象地阐述了其“不平则鸣”的基本论旨，如此正是在沿袭儒家“怨刺说”的基础上，更集中而明确地提出了文学创作动因的“不平之说”，这在我国文学批评发展史上正好是对屈原“发愤以抒情”、太史公的“发愤著书”的继承与发展。再就是该文所流露与宣扬的“天命论”，就那时的作者而言还是可以理解的，但值如今新时代，则又是应该全然否定的；还有就是从文体写作流变的角度来说，《孟》文亦颇有创新之长。因为古代之“赠序”原由赠诗演变而来，其内容一般多写惜别、祝愿之类，文体上自然属于散文随笔了，然而该文却载进了“立论建言”的内容，再加上通篇漂亮的文采，特别是那奇妙的想象和曲笔的使用，更明显跳出了散文随笔之旧窠，而俨然成了一篇难得的文言杂文。

共识之二就是对该篇现实意义与借鉴价值的思考与联想，具体又有两个方面：其一它提醒我们应该特别重视人才问题。首先我们发现结合当时豪门操纵仕途，轻视寒门、不重人才的社会弊端以及作者本人仕途坎坷的实情，韩公所以反复强调“不平则鸣”，其用意正在指出大唐王朝严重存在的人才问题，进而对最高统治者的“珠玉买歌笑，糟糠养贤才”（李白）表示了相当的不满与批评。想想如今的中华新时代，为尽快实现民族的伟大复兴、为卓有成效地建设我们的社会主义现代化强国，其中自然也有个至关重要的育人用人问题。比如，对身居高位而偏又贪污腐败、损公肥己者的绳之以法以及对不学无术的“庸官”和不思进取创新的“懒官”们的“无情拿下”等就很必要与及时。再如，为加快培养国家发展而急需的各类既有文化理论素养又有具体操作能力的技术技能人才，国家不是也正在大力着手对职业教育的深化改革吗？其二就是仔细阅读该篇，便不难察觉到韩公在文化学术建树上的兼容精神。大家知道，韩公本来是笃信奉行“儒学”的，甚至自诩为“道统”的正宗继承人与传播者（他执意要原汁原味地继承与宣讲儒学），可在该作里他却对春秋战国时代的诸子百家给予了比较客观的肯定。比如，他说咎陶、禹、夔、周公、诸子、屈原、孙武和李斯等都是“善鸣者”，言下之意就是说他们的“一家之言”都有着不可轻视的可取之处！毋庸置疑，当今正处于全球化互联网时代，文明文化（含器物科技）多元互补、复合相生乃是不争的事实，鉴此无论是育人创业、学术研究，还是个人修身历练，不是也十分需要发扬这种博学兼容的精神吗？

（原载《银龄之声》2019 年第 2 期）

《天说》值得一读

说起唐代文学家柳宗元，大家都很熟悉吧，其散文创作题材广泛，体式技法灵活多样，无论记人叙事、纪行寓言等都写得文质并茂，清新隽永。像《段太尉逸事状》《捕蛇者说》《永州八记》和《三戒》等名篇，无不脍炙人口、耐人寻味。其诗作也同样格调不俗、意深韵雅，其中那些遭贬之后所写的抒发去国离乡之抑郁愤懑情怀之作则更为感人，如《登柳州楼寄漳汀封连四州》《与浩初上人同看山寄京华亲故》和《江雪》等。

不过朋友们别忘了，柳公还是我国古代一位杰出的哲学家、思想家。他有着朴素的唯物哲学观，继承和发展了先秦“天人相分”和东汉王充的“元气自然论”，认为天地万物乃客观存在，从而否定并批驳了以其文友韩愈为代表的所谓儒家正统的“天命论”，这在我国古代思想发展史上是具有相当进步意义的。柳公的哲学论文不少，如《非国论》《贞符》《时令论》《断刑论》《天说》和《天对》等，于此仅就《天说》一篇做点评介：

话说中唐德宗贞元二十一年（公元805年）2月至8月（顺宗永贞元年），王朝实施的新政遭到豪门与帮闲势力的极力反对，同时引发出“尊天命与反天命”的哲学论争。如此，原本为文友的“柳公与韩公（韩愈）”竟成了“哲敌”。《天说》一文即在“新政”失败，柳公被贬永州司马时所写。

这是一篇很漂亮的观点鲜明、文字犀利的驳论，全文共五段。其中第二、三两段先“亮靶子”——摆出韩愈所说“天能赏功罚祸”的谬论；第四段笔锋一转，发出“吾能终其说”的挑战；第五段为文章重点，正面说出自己跟韩愈相左的观点：“功者自功、祸者自祸，欲望其赏罚者大谬；欲望其哀且仁者愈大谬也。”其中破立结合的四个层次如下：

1. 先指出天地人等都是客观存在的物质世界，与草木瓜果、蛀中虫、痔疮等没啥两样；

2. 既如此，天地当然也就不可能对人们赏功罚祸了；

3. 人之功祸皆自身所致，跟天毫无关系，因此将赏罚之事寄望于天是绝不可能的，想让天可怜或是发慈悲更是荒唐可笑的；

4. 用反问作结，从而强化了自己的观点。

总之，《天说》一文旗帜鲜明地对我国古代哲学史上颇有影响的“天命论”予以了大胆的否定，同时更阐述了“反天命”的唯物哲学观，其意义价值可谓不同凡响！如今面对新时代改革大潮复兴使命，与时俱进、自强自立者固然不少，可畏首畏尾、听天由命者有之，得过且过、不思进取者亦有之……诸如此类追根溯源还是“天命论”在作怪！鉴此，可以毫不夸张地说《天说》仍颇有现实阅读价值。

最后再补说一句，即从论文写作上看，该篇也有两点长处值得效法：一是以破为立破立结合的思路既吻合撰文背景又节省了笔墨；二是釜底抽薪（抓住对方漏洞）之法又为该作赢得事半功倍之效。

（原载《人民公安报》2003 年 3 月 24 日第 7 版）

《渔家傲》词话

文学创作以生活为土壤，以作者理念情志为基因，这话没错，请看北宋两位名家范仲淹和欧阳修的同名词作《渔家傲》的故事。先看范公词作《渔家傲》原文：

> 塞下秋来风景异，衡阳雁去无留意。四面边声连角起。千嶂里，长烟落日孤城闭。
>
> 浊酒一杯家万里，燕然未勒归无计。羌管悠悠霜满地。人不寐，将军白发征夫泪。

北宋仁宗庆历元年（公元1040年），他曾以经略安抚副史之衔率军西北（今陕西延安一带）与韩琦共御西夏，因其军事上的若干漂亮作为曾叫“西域闻之惊破胆”。次年调耀州知州时写得这首词。就其创作背景而言，朋友们应特别注意的是：自太祖赵匡胤开始，宋代历任天子最怕武官“兵变”，以致千方百计削弱军界实力，其恶果便是连年不断的异族（辽和西夏）入侵、边关告急。朝廷以苟安求和为主，不得已时再调几个硬手打一阵子摆摆样子。对此像范仲淹这样富于远见卓识的大政治家自然是看在眼忧于心了，于是满腔急切愤懑与怨恨之情便倾泻在《渔家傲》一词之中。全篇在表现边塞萧飒之境军旅生活之苦和将士难建功勋之愤的同时又隐含地表露出对忍辱苟安的王朝天子的不满。具体品读发现上篇重写环境：前两句于面点结合之中勾勒出西北边塞的萧飒与凄凉，随后又略带夸张地写出戍边将士严阵以待的爱国意气精神以及边疆城池的稳固从容。下篇则重写情感：前两句由生活之苦起笔进而透视出爱国将士们内心的幽怨与愤懑，然而苦想到“报国杀敌”的功勋未建（“燕然未勒”）又岂能盘算归期呢？结尾一句“人不寐，将军白发征夫泪”形象地点画出将军与征夫们兼而有之的爱国与思乡之情！另外，该作从词创作艺术上也有大成，那就是以萧杀悲壮之气一扫以往词作之柔媚婉约之风，堪称开了“苏辛”豪放派词风之先河。

所谓故事就是范公此佳作很快让安居京城的欧阳修看到了，因为欧阳修没去过前线、没带过兵、没打过仗，边塞萧飒悲凉之景既不曾见，对征夫思乡之苦和将士戎马报国之情更无半点体味，所以对该作凝重悲壮之成功竟不以为然。不久，正好有个叫王素的同僚要去边疆了，他便一时兴起也填了首《渔家傲》，在给王素壮行的同时似乎要跟范公一比高低。据说撂笔后指着其中“战胜归来飞捷奏，倾贺酒，玉阶遥献南山寿”一句沾沾自喜道：“这才是元帅要想的事啊！”不想后来因为那恭维之词太不符合当时的实际情况，所以欧版的《渔家傲》不仅未能赢得众人传诵，反倒成了人们议论的笑柄了。有读者朋友们可能会问：那欧阳修也是堂堂北宋诗文革新运动的领袖人物啊，这位大手笔的散文《醉翁亭记》《五代史伶官传序》《秋声赋》《祭石曼卿文》和诗篇《戏答元珍》《明妃曲和王介甫作》《啼鸟》《画眉鸟》《晚泊岳阳》等也都属传世的名篇佳作啊，可为啥一首《渔家傲》就败给了同时代的范仲淹呢？说来原因很简单：那就是他压根没去过前线、没带过兵、没打过仗，边塞萧飒悲凉之景既不曾见，对征夫思乡之苦和将士戎马报国之情更无半点体味，而仅仅凭"想当然"和玩弄辞藻的本事写自己全然不知不懂的生活，自然是要闹笑话、出毛病的。

由此联想到如今一些名流编导也真该从两位古人填写《渔家傲》的故事里反思自查一番了。

（原载《人民公安报》2006 年 8 月 28 日）

再谈仲永悲剧

近来，给邻居娃子辅导语文，得以再次重温北宋伟大的改革家、政治家、文学家王安石（以下称为“王公”）的著名散文《伤仲永》，作者仅用区区300字，以一事一议、借理明理的行文机制，向读者生动地讲述了神童仲永的悲剧故事并进而精辟地表明了自己的感悟与看法。故事说的是：

江西金溪乡（王公家乡临川以东），有个世代为农的方家，其子仲永十分聪颖、颇有天资，5岁便无师自通地写得四句诗文。乡亲们都特别喜欢他、看重他，便经常请饭贴钱于方父。可惜，其父不能正确对待儿子的天赋和乡亲们的厚爱，反把仲永之聪作为攫物敛银的资本。于是终日带着他走东串西卖弄聪明，而始终没让孩子及时正经地读书求学。结果，到十几岁了，仲永的诗作毫无长进；而至20岁，又听说他已经江郎才尽，沦为凡人了！

故事之后，王公发表了自己的感悟，要义是：强调后天学习对于成人成才之重要，天资高超者不学不行，至于一般人更得努力于后学。

看来，这个悲剧性故事本身即足以发人深省了，而王公随后的评说亦更为肯綮深刻。所以，该作长期以来一直享有盛名，不仅一再被选进各类语文读本，更跻身于《古文鉴赏辞典》等大型辞书内。

联想到当今现代家庭教育的某些弊端，笔者认为这个悲剧故事本身似乎还为当今的家长们（除父母外还有爷爷、奶奶、外公、外婆、姑姑、舅舅等）上了一堂生动的家庭教育课。它从反面告诫我们：作为家长（特别是父母）在为“宝宝”提供必要的或者优裕的衣食条件的前提下（古人之所谓“养”），更为重要的便是要同时跟上早期教育（古人之所谓“育”）。只有衣食物质上的“养”和思想作风、道德情操以及文化知识上的“育”二者兼施并用才能使其健康成长、日渐成才（古人所谓“养育之恩”）。而仲永老子之错（甚至可说是罪）就在于其既短见又贪婪，一时被骄子仲永出众的天资冲昏了头脑，非但没有充分利用这个得天独厚的有利条件，为其创造一个起码不亚于别家孩子的后天学习与深造的机会和环境，反而把聪明可人的儿子当成了“摇钱树”——成天带着他到处乞讨，而不让孩子认真读书。如此既没有好好地“养”，更忽略了有效地“育”，以致最终断送了儿子的大好前程！说到“可悲”，笔者忽而想到，当今一些由于长期不曾沐浴到家庭教育的阳光而误入歧途以致最终滑向犯罪道路的青少年们（可名之曰今仲永），他们的结局和命运似乎要比方仲永更糟、更可悲、更可怕！不是吗？方仲永不过是才华泯灭，沦为常人，而今“仲永们”呢？干脆沦落为盲流、小偷、流氓、瘾君子或杀人犯。

鉴于古今仲永之哀，于此奉劝那些因诸多原因而确有重养轻育甚至只养不育倾向的家长朋友，对孩子一定要既精心地养又悉心地育，养育并施、养育互补才是。

（原载《人民公安报》2000 年 10 月 21 日第 3 版）

古案例点评

近日读了点古代清官能吏的办案故事，觉得既有趣又有益，这里给朋友们聊几个。①

一、张廷尉恰判玉环案

西汉有个张释之，南阳堵阳人（今河南方城东），字季，汉文帝时官至廷尉（朝房执掌刑狱的最高法官），世称张廷尉。他这个严明的好法官曾说“法者，天子所与天下公共”，意思是皇上也得尊法用法。

有一次，一个贼人偷了汉高祖宗庙座前的玉环，文帝闻之大怒，抓到盗贼后就交给他审判发落。他针对“盗庙器物”之罪依法判其死刑并陈尸示众。不料文帝闻之（看奏折）勃然大怒，并当面质问他道：“这狗贼人无法无天，连先帝宗庙的器物都敢偷，我想还不得给他判个灭九族的刑罚，可你奏文里却说是按一

---

① 第一案源自《史记·张释之列传》、第二案源自《太平广记·卷171》、第三案源自《冷庐杂识》（清·陆以湉著）。

般惯例处置，这就完全违背了我敬奉先帝宗庙的本意啊！”他听后赶忙脱帽叩头回道：“臣本是依法而判，这便是最严最重的了，况且就是同一罪名，还应根据情节之轻重，做出不尽相同的判处啊！”文帝当时是没话了，可心里还有点那个，便又跟太后说了此事，太后对这位皇子做出了及时的劝解，以致文帝最终同意并恩准了他的判决。

这个公案故事让我们看到古代大法官张释之身上那种不畏皇权、直言敢谏、依法判案的精神作风。至于汉文帝，虽然开始蛮横无理，可在听其申辩又纳太后之劝后毕竟恩准了他的判决，这对于一个朕即国家的天子而言也堪称是难能可贵了。

二、张楚金解字巧破案

大唐垂拱年间（公元685—688年），武则天监理国政，当时官场上向灯向火斗争颇为激烈，以致罗织罪名栽赃陷害的事不少。湖州有个地方官叫江琛的，拿了刺史裴光的判决书后做了一番手脚——先把文字拆开，而后再重新连起来。目的是诽谤裴光，说那是其（裴光）为“反武派”徐敬业写的“谋反信”。对这起“文字案”，一连三个审官都没能审出个水落石出。原因是单看字，没错，肯定是裴光的手迹，可再连起来从语句上看，又绝不像裴光所写，可又苦于没有足以鉴定真伪的“证据”。

对此，经朝臣提醒，武则天决定命张楚金再审。① 张审官此审自然十分上心，忽然有一天他正躺在卧室西窗下的床上，鬼使神差般拿起那“谋反信”，在阳光照射之下，发现那字是有人拼贴上的！于是张楚金立马传令把州衙大小官员都叫到大堂，又备

① 张楚金，并州祁人，唐高宗、武则天的朝臣，先为刑部侍郎后为吏部侍郎，封南阳侯。

好一盆清水。随后让那江琛当众将那“谋反书信”放进水里，结果瞬间纸上的字就都一一散开了……这下可好——尴尬的江琛一看露馅了，便慌忙叩头认罪。武则天知情后，严办了江琛——先打一百板子，而后斩首示众。又赏赐张楚金一百匹锦绢。

笔者认为这个案例故事，首先证明了“取证查实”对于破获疑难案件的关键作用。由于前三个审官拿不到“物证”，只得愧然而退，而张楚金正是拿到“物证”便十拿九稳地降服了得逞一时的罪犯江琛。再就是粗心的读者或许以为其“物证”的取得带有偶然性，可笔者认为这偶然中包含着必然——那就是靠张楚金以往取证破案的经验“厚积”，再加上他全神投入、日里夜里醒着睡着（zhe）的“韧劲”，发现破绽拿到证据还不是迟早的事！此外，该故事还从侧面看出历来被后人褒贬参半的女皇武则天，有着重证据、重事实的法理思想和重人才、明赏罚的人文理念。

三、按察使细察破毒案

清朝康熙年间，安徽宿县某秀才携妻儿在一财主家坐馆教书。一日，妻子即将临产，她娘家内侄女前来探望。不料没几天，妻子和孩儿皆中毒而亡。因为某秀才跟妻娘家结有宿怨，他便怀疑投毒凶手就是前几天来的妻兄的女儿，于是就冒冒失失地到州衙门喊冤告状。偏那女孩子又禁不住严刑拷打，一会儿工夫就屈打成招了。这时颇有办案经验的江南按察使王繻直觉到“案情可疑”，① 便找来那招供女孩，语气平和地问她当时馆里来往的还有啥人。那女孩想起有个 12 岁的小学徒，就告诉了王按察

① 王繻，字慎夫，河南睢州人，清康熙四十年擢江苏按察使，其治狱仁恕、多有平反。

使。于是王繻立马叫来那个小学徒，经一番诱导询问，心虚的小学徒终于承认老师（教书的某秀才）的妻儿是他毒害死的，原因就是老师用鞭子抽打过他。

这个公案故事情节比较简单，但它生动说明了侦案判案的几个铁则：一是受害人及其家属不可因悲愤而凭“想当然”地冤枉好人；二是执法审案者切忌逼供信，应下功夫细察深鞫；三是必须有“证据”证明涉及案内的若干情节之间有因果逻辑联系，否则绝不可“形而上”地瞎猜乱断。比如，本案里的“宿怨—探望—母子亡”三者表面上看似乎是那么回事，但其实并无真正内在因果联系，所以“前断”（认定是女孩子投毒）是错的，而王繻也就是凭着上述原则（必须有“内在联系”），感到“前断不实”才另谋他断，结果一举成功破案。

为真正兑现依法治国，实现法律面前的公正公平，笔者认为在秉公执法的前提下，提高执法水平，定罪量刑力求一准二妥是十分重要的，于此，看点古书（如《史记》《太平广记》《折狱龟鉴》《棠阴比事》等），从中借鉴古代清正睿智的法官们的办案经验还是十分必要和有益的。

（写于2001年）

读书笔记五则

一、盖房

《韩非子·外储说左上》讲了“虞庆盖房”一则寓言故事。大意是：

虞庆要盖房，泥瓦匠对他说：“眼下你的木料不干，泥又湿。木料不干就爱弯，泥湿就重，弯木承担湿泥，房子虽然盖起来，日子长了也得塌。”可是虞庆却说：“等木料干了就会直，泥干了也就自然会变轻。即使日子长了，那房子也不一定坏不了的。”工匠们劝不通他，也就只好把房子盖了。可是没过多久，房子果然塌了。

这个古代寓言故事包含了深刻的哲理，即凡事不可违背规律，急于求成。是不要主观能动吗？非也。但主观能动性的发挥，应建筑在认识、把握并且尊重客观规律的基础之上。否则，这种所谓“主观能动性”不仅于事无补，甚至还会导致事与愿违，画虎类犬的结果。虞庆的悲剧就在于自己本没有盖房的直接经验，偏又不听行家里手的建议，以致在一味蛮干之后落得事败屋塌、前功尽弃的悲剧。

二、画竹

北宋大文学家、大画家苏轼在为其表弟和好友、北宋著名墨竹派大画家文与可所写的著名怀念性散文《文与可画筼筜谷偃竹记》一文中有这样一段关于“画竹”的文字。大意是：

竹子从小长大，是有它自己的规律的。可是今天的画家们却一节一节地画，一叶一叶地往上加，如此，哪里还能画出浑然一体的竹子呢？要想画好竹子，就必须得先在心中有一具完整竹子的形态神韵，然后再拿起笔仔细观察实物。在见到自己所能想画的东西时，便立刻像兔子刚跑动、老鹰飞扎下去那样，动作敏捷地捕捉下来，并且即刻振笔画就。否则，稍一放松就会失去啊。

这段看来有些“神乎其神”的论画文字就作者原意而言，约有两层：一是反衬亡友文与可的画艺之高；二是借此批评、讥讽当时的勾勒赋色派。那么事隔900多年后，对于今人，笔者以为最有裨益的一点是：不论是钻研学问还是把握技艺，都要在反复实践的基础上，熟其形、视其神、把握规律、掌握要领。如此，才能实现从“必然王国”向“自由王国”的飞跃。

而“胸有成竹”的成语，至今仍活跃于我们的语言交际环境之中，恐怕也皆缘于此吧！

三、读书

《三国志·吴书·吕蒙传》中，记载了一段孙权跟其臣属吕蒙、蒋钦趣谈读书的故事。大意是：

孙权说：“我哪里是想叫你们死啃儒家经典而来当博士呢？不过是想让你们广泛地读点书，看看历史罢了。你们说公务烦心，可是谁又能像我呢？可我年轻时逐一阅读了《诗经》《尚书》《礼记》《左转》《国语》等，只是没读《易经》。至于执掌东吴大事以来，又仔细钻研了《史记》《汉书》和《东观汉记》，还有各家的兵书，自己觉得受益很大。像你们俩，人都很聪明，理解力也很强，如果学习，一定会颇有所得，怎么能不干呢？真是太可惜了。应该先读读《孙子》《六韬》《左传》《国语》及我前面说的那三史。孔子曾说过：'整天不吃、整夜不睡地思考，也没啥用处，不如刻苦学习啊！'汉光武帝刘秀忙于战事，可还手不释卷。征伐一世的曹孟德，他自己也说老来还很好学。你们为何偏偏不能勤奋自勉呢？"

在加强精神文明建设的今天，这位昔日东吴元首的一番关于读书的高论，对于我们实在很有启发。笔者以为至少有以下三点：一是原则上要摆正"读书"与"工作"的关系，既不可"因读损工"，更不可"因工废读"；二是要针对自己的工作和实践需要，有目的有计划地选择书目和读本，不可赶风头、追时髦；三是不可死啃书本、生吞活剥，而应博古通今、外为中用、结合实际、付诸实践。

四、蒙鸠为巢

战国末期杰出的思想家、教育家荀子在他著名的代表作《劝学》篇里讲了这样一个寓言。大意是：

南方有鸟焉，名曰蒙鸠，以羽为巢，而编之以发，系之苇苕。风至苕折，卵破子死。巢非不完也，所系者然也！

白话文大意是：南方有一种鸟，名叫蒙鸠，用自己的软软的羽毛做窝，并用长长的头发编织起来。可是却把这做得很精致的"窝"绑在芦苇穗子上。结果，风把芦苇刮断了，窝也就随之掉了下来，鸟蛋摔破了，其中的小鸟自然也死了。不是蒙鸠的

“窝”做得不结实，而是绑得不是地方啊。

这个寓言告诫我们，凡事成于基础实，败于基础虚，基础打得不牢，早就的也就是蒙鸠之巢，经不起实践党的检验。至此，笔者联想到青年朋友们的学习问题。在新形势的鼓舞下，目前青年中认真读书、刻苦自学之风很盛，有的已取得一技之长；有的达到了大专水平，这些当然是可喜、可赞的。可也有一些青年朋友忽视基础，急于求成，对初、高中课程不感兴趣，热衷于听名流的课，看大部头的书，舍不得下苦功，总想一口吃成个胖子，以致在经过短时期的“奋斗”而没能达到预期的目标时，便灰心丧气、半途而废了。前几天，听一位朋友讲了这样一件事，一个青年同志，因为不太喜欢自己的本职工作，就专攻起文学来，看了几本写作方面的书，读了几本杂志，就写起小说来。翻开他的文稿，余且不论，单看语言文字的基本功就很差，“既”“即”不分，“常”“长”相混，句子也是疙疙瘩瘩、别别扭扭。这说明他的中学语文还没过关。试问，这个青年同志如果意识不到这一点，而一味地蛮干下去，会得到什么结果呢？不也会重复蒙鸠的悲剧吗?!

至此，热切希望有志自学成才的青年朋友，要明确学习目的，不断改进学习方法，刻苦扎实，循序渐进，才会有更快的长进，更大的收获。

五、推敲

唐朝诗人贾岛，做诗严肃认真、一字不苟，常常是“两句三年得，一吟双泪流”，故素有“苦吟派”之称。据唐宋遗史记载，他在长安应试时，有一次在路上反复考虑“鸟宿池边树，僧敲月下门”（流传至今的《题李凝幽居》一诗），本想把其中的“敲”改为“推”，但又下不了决心……斯时正好撞上了当时任京兆尹的韩愈的车骑。有人便把他拉到韩大人面前，当韩愈问明情由后，即笑曰："还是'敲'字更好啊!"这就是古今以来一直被传为美谈的"推敲"的故事。至于这一"推"一"敲"到底孰优孰劣、孰得孰失，后人便又持两种意见：一种是以韩愈之"是"以为"是"，不再认真追究（言下之意是既然身居唐宋八大家之首的韩愈已有高见，我们又何必再加审议、再持异议呢?)；另一种是有些学者诗家坚持独立思考，对此谈出自己的见解和分析。这里且举两例：第一，美学家朱光潜先生，他在《咬文嚼字》一文中说："问题不在'推'字和'敲'字哪一个比较恰当，而在哪一种境界是他当时所要说的而且与全诗调和的。在文字的'推敲'，骨子里实在是在思想感情上'推敲'。"从这个艺术哲学的观点出发，朱老先生得出的结论是："'推'字比'敲'字好。"因为前者能更好地表现诗人冷漠自在、独来独往的意境，同时，与上句亦更为谐调。因为若是"敲"，尽管声音不大，毕竟会惊动"宿鸟"的。第二，著名学者周振甫先生，经过自己的认真思辨，在其著名的《诗词例话》中又提出了与朱光潜截然不同的根据，作出了自己的分析。周先生以题目《题李凝幽居》为线索，推断诗人原是写去往李凝幽居处时的环境和心境。进而指出："就这首诗看，敲的该是李凝幽居的门，这个'僧'可能是作者自指，因作者出家为僧，法名无本。那他在晚上去找李凝，应该敲门，才和幽居相应。从音节上说，'敲'字也较为响亮。"

二公所见，迥然不同。而原作者贾僧亦早入黄泉，看来，这桩诗案是实难定论了。但笔者倒认为，此"推敲"故事却足以给我们学业做事、走笔撰文以不少有益的启示。比如说做学问吧，既要有请教先哲的虚心态度，又需要有不迷信、不盲从，独立思考，刻苦钻研的科学精神；伏案写作呢，则又该恪守以意帅文、文役于意，直至达到文质相谐、文质并茂的目的。切不可如时下文坛、艺坛一些伪劣产品那样，忽视内容及对相应形式的需要而一味在外包装上做拙劣的涂抹游戏。

（曾于1983年12月和1998年10月分别载《中国地质报》和《人民公安报》）

栽得繁花照眼开

《人民警察》第五届优秀作品大奖赛已揭晓，总体上看，入围作品的采写水平较前届又胜一筹。

第一，英模人物的颂扬题材广泛多样，内容生动典型，较好地把新闻性、思想性和可读性有机结合起来。

英模典型宣传本是公安报刊的本元大宗。《人民警察》本届入围作品中此类稿件自然亦占相当比重。但值得称道和首肯的倒并不在于“比重大”“数量多”，而在于其有着题材多样、内容生动典型的优点。即《人民警察》的编辑、记者们较好地发挥了期刊媒体周期长、容量大的特长，把新闻触角伸向了国内外的各警种，撷取和捕捉其典型和细节，以致将新闻性、可读性和思想性有机结合起来，并且在读者那里赢得“人民警察”可敬可爱可信可助的复合效应。比如写警察英雄群体的几篇力作：《深山腾起蘑菇云》于历史与现实的复合交汇中颂扬了上海消防总队 116 位官兵在圆满完成销毁废旧弹药的特殊任务中表现出的不畏艰难、不怕牺牲的敬业精神和超凡智勇；《警花，在铁骑上出更》向我们集中报道了中国第一支女骑警的成长与成功；《航天城的“军人警察”》

把新闻触角伸向了鲜为人知的酒泉卫星发射中心的军人警察营地，并通过典型生动的事实材料表现出军人警察们的艰苦敬业精神和不可磨灭的历史性功勋。再如，几幅精彩而感人的英模个体特写：《倚天抽长剑，环球共凉热》一文，作者用娴熟而生动的新闻语言，向我们叙述了文中主人公朱恩涛同志非凡的经历和成功的业绩；而《走进痕迹女侦探李玉芬》《为了你，金色盾牌》《敢将此身长报国》《没有勋章的英雄》等文分别形神并茂地映照出女侦探、警嫂、刑侦队长和派出所等多种岗位与职务上的警界英杰与高手。

第二，在案例题材稿件的采写上为同仁们提供了一些有益的启示与借鉴。

案例题材本是公安报刊得天独厚的带有“专利”性的新闻素材，但就其案例题材的采写来说又堪称是重头戏（真正写好、写出水平写、出品位亦难）。因此案例题材新闻采写与文学创作早已成为公安文化界、新闻界的热门话题，引起了不少实践家和理论家的特别关注与思辨。此次入围作品中的案例篇章于素材处理和稿件写法上颇有可取之处：

一是严于选案、深于掘意，真正把写案与映世颂警、育民慑犯结合起来。此次入围的案例题材稿件素材本身大多是社会影响大、颇具新闻性的案件。诸如“洋垃圾事件”和“国际商贸诈骗案”等。特别令人满意的是作者没有满足于对案件事实情节的着力铺陈上，而是真正有效地把新闻报道、信息传递和歌颂警察、宣传法制、呼唤正义水乳交融般结合起来。

二是变换采写角度，从审丑入手达到审美感悟的目的。本届入围的《死地》和《与魔鬼拥抱的人》大胆而破格地以罪犯（杀人犯和贩毒犯）为“主体”，全文以第一人称，痛切道出其由人蜕变为罪犯，由积极有为到万念俱灰的堕落轨迹和相应的心理裂变图像。若从艺术构思的角度来说，则运用的又是“审丑视角”了。文中那一组组对话、一声声独白，为我们法律工作者、狱政人员提供了绝好的反面教材；而对于“我”的同类们无疑又是一剂苦口的良药和一响催人猛醒的警钟。

三是体裁选用上的突破与创新，为案例新闻作品的采写带来新生机。作者们不仅运用了“新闻故事”（如《“合同婚姻”辛酸泪》）和“案例述评”（如《中国警方大悬赏》），甚至还别具一格地写出法制散文《致垂钓者》。这些作品给人以面目一新之感。特别值得一提的是《致垂钓者》一文，其素材原型本是一则令人悲愤交加的社会新闻（重庆嘉陵江边一天真少年失足落水，而亲眼目睹此险情的许多钓鱼者竟全然无动于衷，致使这位天真少年溺水而死），面对这一素材，作者并未依循先叙后评的旧套，而是运用拟人、想象、反诘等文学手法，写出了一篇清新隽永、力透纸背的散文佳作，文章虽短却寓意丰厚、诱人联想。

第三，作者的表现意识有所强化，在确保思想性、弘扬主旋律的同时，为赢得更多的艺术美感，于语言和技法上颇具匠心，并由此强化了作品的表现张力。

古人讲“披文以入情”（刘勰），高尔基讲“语言是一切事实和思想的外衣”，都精辟地指出了语言符号对于写作与阅读的主要作用。古今中外写读实践也雄辩地证明：在思想情感、主题取向健康有益的前提下，语言文字的“排列组合”对于文章（作品）的成败优劣至关重要。因此写家们都应有较强的语言意识并付诸具体的“遣词造句”的斟酌之功。吾观入围作品在语言表达上有两点可取之处：一是编写者把叙述、描写、说明、讨论、抒情和对话等多种表达方式左右逢源地融为一体。这种语言表达上的综合之功给文章带来了难以估量的表现力。读来给人以一气呵成、淋漓酣畅之感。二是拥有一定的个性美。即诸篇语言的成色风格又都各领风骚、各具特色。比如，《倚天抽长剑，环球共凉热》的潇洒瑰丽；《上海刑警印象》的清新明快；《国际商海“百慕大”》的跳跃起伏；《与魔鬼拥抱的人》和《死地》的深沉凝重；《致垂钓者》的含蓄冷峻；《深山腾起蘑菇云》的刚健豪迈等。篇幅所限，不具体赘例。

技巧多样、古今兼用，并注意因旨而异，进而取得因文而宜的效果，是参赛者们的又一追求。

鲁迅曾说：“单是题材好是没有用的，还是要技巧。”艾青也指出：“有了材料和工具，有了构思，没有手法依然不能建造。”其都强调了文章技巧的重要。细读入围作品，总的感觉是技法多样，古今兼用，因旨而异、因文而宜。例如，《倚天抽长剑，环球共凉热》一文，素材丰富、时空跨度大，如何在一个“主题基调”（这个基调就是朱恩涛同志爱党爱国爱生活爱事业的炽热情肠和笃诚投入的实践精神）包举下作成一文，两位作者是颇费了一番剪裁布局的心思的。其中笔者认为是恰当地借鉴了我国古代传记文学的“一字立骨”（该作以“爱”字为骨）和“互见法”（形神言行、生活工作、事业家庭等多方面互补互衬）。如此这般不仅其文浑然一体，人物也写得丰满逼真富于力度。再如《铁脚踏巴山》一文，题材虽然感人，但也并非罕见奇闻，所以能写出力度和美度，是因为作者娴熟的白描文字和运用了“皮里阳秋”（“不待论断，而叙事之中即见其质”——顾炎武语）、“衬托”（用险峻的巴山和凶残狡猾的逃犯衬托巴山民警的勇敢顽强）的传统写法；还有《上海刑警印象》的抒情叙事白描兼用；《深山腾起蘑菇云》中紧张的动态特写镜头和细如春雨的人物心语插入；《国际商海“百慕大”》的平行蒙太奇式叙事结构等又正好是现代电影艺术和纪实文学种种艺术技法的巧妙借用。

（原载《人民警察》1997 年第 5 期）

敏感·精思·臻美

新时期以来，我国公安法制新闻事业异军突起，颇为活跃，并在稳定大局、服务中心，创建良好的社会环境和精神文明建设中起到了不可估量的作用。为进一步办好公安法制报刊、优化稿件采写质量，笔者拟以所读的《人民警察》第六届优秀作品大奖赛入选作品为例谈几点意见。

一、强化新闻敏感，不断拓宽报道题材范围

新闻敏感，是指新闻工作者所必须具备的能敏锐发现和捕捉新闻事实的一种职业素质，西方称其为“新闻鼻”“第六感官”。它是新闻工作者的一种职业本能和顿悟式的思维势态。它来源于新闻工作者的认知和理论水平、新闻工作经验积累以及观察感受能力、判断思考能力等。一个新闻工作者，只有具备了新闻敏感，才能于瞬息万变的大千世界里及时发现新闻线索，深入开掘事实之中的新闻价值和思想内涵，也才能在构思稿件时运筹出最佳的报道角度。

在拥有新闻敏感的前提下，公安法制新闻报道的笔杆子们，便应主动而自觉地最大限度地开阔自己的视听空间，借助会议、活动、社交、领导讲话、群众舆论、马路新闻、报刊文摘、文件文书等各种渠道和“中介”，广泛摄取信息、撷采新闻素材。还需特别强调的是，不可只盯住体现打击惩治职能的侦破和“严打”题材，还要抽出精力眼力光顾有关服务和管理职能的各类题材，如公仆廉政、婚姻家庭、人际关系、伦理道德、心理情操、行居安全等。如此，公安法制新闻报道的信息量必将大大增加。如此次第六届入选作品《世界第一村》（1997 年第 4 期）一文，作者把敏锐的新闻目光触及陕西省三原县东周村这颗闪烁着社会主义人道灵光的明珠上，通过采写警察兼作家张淑琴和东周村乡镇企业家郭氏兄弟和衷共济克服重重困难，创办旨在收养服刑劳教人员子女的“世界第一村”的感人业绩，以一个绝好的侧面歌颂了社会主义社会人性的真善美，社会主义社会公益事业的高尚卓绝。东周儿童村堪称是世界少有的人性之花、人权之果！显然该作的素材选用颇有新闻性、新发性，而作品的思想价值自然更具有超乎一般时空范围的广远性了。同样，《何须再回首》（1997 年第 10 期）和《为了流血的警察不再流泪》（1997 年第 11 期）等于新闻素材的选取上亦颇为成功。

二、精于构思，用好写好新闻事实，在择体立意和取角上下功夫

写作行为科学告诉我们，在抓到可写素材后不可急于动笔，而应先行开启思维内功认真构思运筹一番。这正如古人所言，“凡作文之道，构思为先”“意在笔先，然后着墨也”（前为日本·遍照金刚语，后为清·沈德潜语）。就公安法制新闻稿件来说，其“构思”就是考虑怎样把抓到手的新闻素材通过自己的“文字加工”生动地报道出去并赢得理想的社会效益。于此，笔者认

为应重点解决三个问题：

（一）恰当地确定体裁形式，坚持因事定体、体为旨役的原则

文体学知识告诉我们，文章皆依体而存，不同文体有着不同的性能、构成规格（相对而言，并非一成不变）和相应不同的拟写要领。新闻体裁也是如此。诸如报道类的消息、通讯（其中又有述评、特写、故事、访问记、巡礼、速写、侧记之别）、报告文学和言论类的社论、评论员文章、短评、按语等。此外，还有边缘性体裁，如采访札记、调查报告、记者来信等。据此，公安法制新闻记者应加强文体意识，抓到事实后，依照事实背景、报道意图、领导批示、版面需要等各方面因素恰当选择样式。比如，此次入选的《女刑警和几个女人的故事》（1997 年第 12 期）一文，就题材而论，本属屡见不鲜的严打侦案一类，而根据具体内容上的特点，作者娄小青便于体裁选用上巧妙经营，即不再用已成惯例的通讯、报告之类，而采用“故事”一体（标题亦曰“故事”）。全文从讲女民警安梅和几个放浪形骸的女人之间的纠葛故事，表现了十分严肃而深刻的“疗救”的主题，读来效果自佳。再如，作者胡玥在写石家庄市裕华路派出所年轻的英烈张宏飞其人其神时，运用的又是带有我国传统的“祭文”体式（当代文学中的抒情散文），效果亦比正面直陈其事的“人物报告”略胜一筹。足见同一题材，选用的体裁如何亦有着非同小可的作用。时下的问题：一是体式单调，打开报刊差不多全是消息、通讯和纪实、报告之类；二是体感不强，写法不规，常常鱼目混珠、名不副实，冠以特写之名，其作却未见精彩的描写文字者屡有所见。至于述评与言论两体之作有时也很难区别。

（二）深入开掘报道主题，巧妙运用背景材料

写作行为本身是个主客观相统一的思维言语过程，同一个新闻事实素材完全可以提炼出不同的主题内涵，而且同一个宣传意

旨又完全可以用不同的新闻事实素材来表现。据此，要求大家在择定文体之后再深思熟虑一番，从而开掘出接触事物本质并与时代背景相呼应的主题内涵。特别是采写颂警题材时，不宜只停留在一般模范事迹、敬业精神的歌颂上，而应进一步深入地采访和反复提炼，从而找到“这一个”现代英模烈士的精神特质和感情性格。比如，此次入选作品《给爱一个理由》（1997 年第 6 期）作者芳菡就没有下力于对英模李素珍生前忘我工作、尽职尽责的陈述与称赞上，而是以“进行一次特别采访”“为那女子灵魂录音”为文脉，着力向读者揭示其熠熠生辉的情感天地（在这个天地饱藏着无限的爱意：对同志的敬爱、对丈夫的钟爱、对儿子的疼爱、对双亲二老的怜爱等）。而这个情感天地又正好成了这位女英烈生前高尚而平凡的行为传记的有力注脚。

再者，写新闻历来讲究有关背景材料的溶注与穿插。如果背景材料发掘和使用得力，那么稿件的主题便可得以强化，并收到不同凡响的社会效益。因此，为深化主题内涵，记者从采访到构思要始终注意背景材料的发掘和使用。比如，此次入选作品《为了流血的警察不再流泪》一文，作者李动便有背景材料的妙用。

一是地理背景材料，即作者有意识抓住作为我国首家“警察基金会”的诞生地——深圳。请看该文题记中第二段：

“为了深圳特区的安宁和繁荣，深圳警察用热血和生命谱就一曲泣血荡魂的‘英雄交响曲’。然而，余音袅绕，我们怎能让英雄流血又流泪”——

其后，文章第一部分再次写出这样的文字：

“深圳，一块充满神奇和诱惑的土地。在短短的十多年间，由贫瘠的边陲小镇倏忽成为举世瞩目的现代化都市，成为亚洲继新加坡、韩国、香港、台湾‘四小龙’之后又一条腾飞的强龙，其势之昂、其风之速，令世人惊叹！

深圳经济的迅猛腾飞，引发了全国百万劳工下深圳的热潮。大江东去，泥沙俱下，难免鱼龙混杂。全国各地浩浩荡荡涌来的淘金者中，不法之徒混杂其间，为了攫取金钱，他们杀人越货，绑架贩毒，使特区的治安状况变得异常复杂；香港的黑社会成员作案被通缉后，也逃往一水之隔的深圳找“避风港”，与内地不法之徒相勾结，变本加厉地作恶造孽，使这块神奇的土地治安形势变得更为严峻。……”

这样一些地理背景材料的使用无疑起到强化新闻事实（成立“警察基金会”）的重要性和贴近性的作用。

二是对比背景材料的使用。在文章第三部分里，作者引录了在成立大会上时任深圳市委副书记李客根的话：“广大公安民警忠实履行自己的职责，为我们做出了无私奉献，甚至献出了宝贵生命，这些都是有目共睹的。现在，很多大街小巷都挂着醒目的牌子‘有困难找警察’，反过来，我们的警察有困难找谁呢？设立这样一个‘警察基金会’，通过全社会和海内外友好人士的关心和支持，自助自救，帮助政府抚烈助残，功德无量，我们支持你们，也真诚地感谢你们！”

三是历史背景材料的使用。文章第四部分里，在写到“基金会”受到社会各界广泛支持时多次提到港澳台友好人士（诸如曹光彪曹其东父子、徐展堂先生、刘孝坚董事长等）的鼎力帮助。当时，离香港回归祖国仅有两年零两个月，这里写出港澳台同胞的支持一下子加强了新闻事实本身及其这篇报道的历史厚重感。另外，《中国第一位女缉毒队长传奇》（1997 年第 1 期）和《难忘的二十五次会晤》（1997 年第 5 期）两作亦都有背景材料的恰当使用。因篇幅所限，不再赘述。

（三）寻找独特的报道角度

就新闻采写来说，报道角度即新闻记者从怎样的出发点去审视和报道摄入其耳目的新闻事实。具体来说，包括立意角度、剪裁角度、用笔视点和写法等。关于立意角度（前文所讲的主题开掘）和剪裁角度，估计大家都十分熟悉了，故这里只集中说一下关于用笔视点的问题。用笔视点是指叙者与被叙者的身份及两者关系的确定，也就是“谁写谁”的设计。其中第一个“谁”一般有这样几个区分：一是传统的第三人称，作者不露面；二是第一人称“我”。这个“我”又一分为三：记者本身的“我”；被叙者“我”；被叙者的某关系人。第二个“谁”是指被叙者的确定，一般又有两种情形：一是一文一指（全篇一个固定的被叙者“他”）；二是在不同的“段节”里有意识地“变换”被叙者的身份所指。在如此这般的视点变化中便为稿件的表现力带来某种强化作用。这里想提及一下此次入选的两作。先说前文提到的《给爱一个理由》，全文的视点是：我写她（作者芳菡写女英模李素珍），而文章中间一大块主体部分又把“她”（李素珍）换成“我”。让英灵直接向作者和读者倾吐心声。笔者认为这个用笔视点的有意变换为文章带来不少真实美感和跳跃美感。再说《永生》（1997 年第 2 期）一文，作者为更充分、便利地表现她本人以及他们（指英烈张宏飞生前的战友们、亲人们）对英烈张宏飞的珍爱、缅怀以及对他猝然离去的难舍悲恸，全文采用了“我—你”的近距离视点（文章学所说的第二人称）。直接的对话、亲切的交谈方式大大加强了文章的抒情色彩和悲壮凝重的氛围。请看文章头尾的两段文字：

“你怎么会走呢？你的身影仿佛云朵里的云，你的生命就是花朵里的花……”

“我就是那灯里的灯光，星辰里的星辰，生命中的生命——美丽、永恒、不朽。”

三、强化臻美意识，在表现技艺上精益求精

鲁迅曾说：“单是题材好是没有用的，还是要技巧。”毛泽东同志也曾说过：“办报需要必要的技术修养，这是毫无疑问的……好的技术能把正确的政治内容最完善地表达出来，坏的技术则不能做到这一点，甚至起相反的作用。”（《政治与技术》）看来，要提高目前公安法制新闻报道的整体水平，以至每一稿件的质量，除以上所讲之外，还必须在表现技巧上下大功夫。这里结合此次所见入选作品，且提三点意见：

（一）在标题上“做文章”

标题乃文章之眉目，又是送入读者眼里的第一信息符号，新颖深刻而又引人入胜的标题将会大大刺激读者的阅读兴奋，从而尽览全文。此次入选作品有几篇标题拟得不错。《难忘的二十五次会晤》，不仅概括得好，而且“难忘”一词颇富意蕴和悬念；《古墓新坟》其中“古”和“新”两个反义字眼儿为文章赢得了思辨和回味的余地；《直挂云帆济沧海》和《扬眉剑出鞘》的正标题，确实起到点化富于诗意的文章内容的奇妙作用。总之，希望我们公安新闻稿件的标题能朝着明快、洗练，富于吸引力和启示性这个总体美学品格上发展。而克服时下尚存的平俗、生硬、

别扭、冗长、直白等毛病。

（二）努力提高新闻语言的审美品位

语言之于文章的重要是不言而喻的。新闻稿件则更要求语言的力度和美度。就报道类稿件来说，它要求叙述语言的艺术，即准确、凝练、得体并富于一定的情感色彩，言论类稿件则又要求议论语言的艺术，即尖锐、鲜明、肯綮并富于历史的和逻辑的力度。此次入选作品有几篇在语言表达上看好：《难忘的二十五次会晤》一文，事实本身复杂曲折，但两位作者写得从容不迫，有条不紊，繁简得当，层次分明，有声有色，情理并茂。表明了他们有较好的叙述文字功底。因篇幅所限，仅列其中几个小标题于此以飨读者：

期待已久的“第一次握手”/合作从挽救一个轻生的香港人的生命开始/拉紧警务合作的法网/硕果累累喜迎“九七”/不是尾声的尾声。

另外，《给爱一个理由》《冷血》（1997年第8期）、《永生》《那夜、那枪、那人》（1997年第12期）等几篇，文字成色亦都不错，在与作品内容、色调、氛围相吻合的前提下，或饱蘸情愫，或冷峻尖辣，或质朴明快……字里行间洋溢着得体美感。吾观公安报刊稿件在语言修辞上不是很讲究亦不是很平衡（有的好一些，有的较差，有的很差）。究其原因，笔者认为一是功底问题，即原本语言水平不高，修养较差；二是意识问题，即采写过程中重质轻文缺乏“语不惊人死不休”的决心。再加上赶任务补版面，自然也顾不得句句推敲，字字求安了。这种偏向，但愿尽早匡正。

（三）借鉴古今中外的文学技巧

大家知道，新闻作品在表现技术上的文学化已属大势所趋。

我们公安法制新闻作家们应顺应这一潮流，熟悉文学技巧并恰当地运用到自己的新闻报道中。说到文学技巧，笔者认为其有着相对的独立性，即一个技法既能为“甲”内容服务，也可以为“乙”内容服务，关键全在于作者的驾驭调遣之功。因此，笔者认为中国传统笔法和西方现代派手法尽可拿来为我们公安法制新闻采写服务。于此，《人民警察》第六届大奖赛入选作品亦有较为成功之作。比如，《给爱一个理由》就借鉴了我国传统笔法“一字立骨”（一个“爱”字贯穿全篇）。而《悬崖上的黑三角》（1997 年第 9—11 期）和《冷血》又可以说分别借用了西方现代派的“离间效果”和“时空跳跃”。至于《那夜、那枪、那人》又应该看作中国传统的“春秋笔法”和西方现代派的“心理揭示”的结合了。

总之，本文结合《人民警察》第六届优秀作品大奖赛入选作品，谈及对优化公安法制新闻作品的一些想法，仅供同仁们参考。

（原载《人民警察》1998 年第 4 期）

话说怎样赢得精品

近年来，随着公安报刊业的兴旺发达，对于高质量的精品之求亦日见迫切矣。然而，笔者认为若将其“求”变其“实”，除作者个人的匠心经营和辛勤耕耘之外，还需群策群力、集思广益地进行一番理论认识和实践运作上的研讨交流才好。思路所至，拟先从写作主体上谈一点想法。

笔者认为，欲营造精品佳作，必须先克服长期以来一些同仁从知到行上的两个偏至：其一，在认识到作品载体对社会生活客体的依赖关系的同时，在不同程度上忽视了作者主体对于作品载体的决定和制约作用；其二，在着力优化作品内容、深化作品主题以赢得健康有益的社会效益的同时，又在某种程度上忽视了作品的表现形式（包括语言修辞、体裁、标题、剪裁布局以及技巧章法等）上的锤炼与臻美。甚至片面地认为：只要新闻素材真实典型，主题取向看好，便自然能赢得可读性和社会效益了。

两个偏至又导致了两个“恶果”：一是采写稿件时，只着力于素材的选用和主题的开掘，而放弃对于表现形式的经营斟酌；二是只顾终日奔走采访和埋头爬格，而放松了自身综合智能水平上的修炼与陶冶。经年累月，如此“只出不入”，迟早会重演江郎才尽的悲剧。

以上所言，绝非危言耸听，其中因果逻辑显而易见。

不容置疑，从观察生活撷取素材到捕捉新闻线索，现场采访直至有意为文，其全过程中，始终贯穿着写作主体认知、情感和审美的追求。于此古人云：“文以识为主，论题立意，非识之高卓精审，无以中要。”（清·刘熙载《艺概·文概》）其中的“识”即“才学见识”之意，亦即当今行为科学、心理学和写作学中所说的认知能力。由此看来，若想从根本上提高笔下之功和笔下之作，必须从作者主体的综合提高入手。

再者，就文本载体构成论而言，凡文本皆包含两大元件，即内容和形式。其内容固然处于绝对首要地位，但形式亦不容忽视。因为形式皆为内容服务，某一内容还需巧妙相宜的形式去表现。从这个意义上讲，形式对内容确有着举足轻重甚至关乎成败的反作用（朱光潜先生说过一句话“变迁了形式就变迁了内容”）。以往无数写作实践也生动地证明了这一点。仔细品味那些成功佳作和传世精品无不达到了真美内容和新美形式的具体的和谐统一。

据此，鲁迅先生告诫我们：“单是题材好是没有用的，还是要技巧。”

所以，我们公安报刊的写家们，在采写稿件时，于力求内容的丰厚、主题的深刻的同时，还必须在表现形式的“巧妙相宜”上刻意追求一番。其中笔者认为应特别强调的是作为表现形式头一大宗的语言表达。因为，从现代写作学角度来说，文本的语言，既是“生成媒体”又是“接受媒介”，其“排列组合”的优劣得失对于文本是干系甚大的。新闻报道类稿件讲究叙述与白描的艺术。新闻言论类稿件又要求鲜明、尖锐、雄辩、逻辑之类。

至于时下非常红火的新闻纪实作品自然又有着更高、更严的要求了。

话已说得不少，且结论如下：

克服两个偏至，变两个忽视为两个重视，努力优化自我，长识炼艺，并于采写实践中“尚质”又“崇文”，方能渐入“寓意于艺，意艺双收”的佳境。倘真如此，“多个莎士比亚而只见一个哈姆雷特的怪事”便不复存在，而佳作精品亦自会“为有源头活水来”了。

（原载《警苑》1997年第3期）

替警察说句公道话

话说当今世界上纯而又纯的东西实在是罕见的。源于主客观多方面的原因，作为共和国卫士的人民警察，亦不可能个个英雄、人人模范，个别警察身上至今还不同程度地存在着作风粗暴、言语粗鲁，甚至吃、拿、卡的问题。近来，甚至连续发生了几起警察开枪杀人的恶性案件。对此，作为司法机关必须认真对待、严肃处理。在弄清是非曲直的基础上，对违法犯罪者，自然应该予以严厉惩处，而绝不能因为是圈内者而心慈手软，甚至姑息护短等。

至于社会舆论和每个公民对此同样也应该有个正确的认识与对待。那就是分清主流支流、区别罪与错、功与过等，切不可以偏概全、本末倒置。可不知为何，近来在部分新闻媒体的批评性文字中，却偏偏刮起了一股对警察族（整体）一味指责、无情打击的小旋风？说什么“警察都有特权意识”“权限过大”“警察腐败到巅峰”……似乎为官的搞腐败、为民的少公德、为犯的触法条等都容得看得，唯独当警察的不许出半点差错、警察就得是一水儿的英雄豪杰！

怪哉谬矣！于此，不得不替当警察的说几句公道话——

一则，任何一个不失良知的公民都知道，在当今转轨时期，为确保公众的人身安全、为给如火如荼的经济建设营造一个和平安定的社会环境，为尽快赢得大公安、大治安的现代化，公安机关以及每一个警员都付出了极大的努力，甚至生命的代价。其中，积劳成疾累死在平凡岗位上的有之，追捕擒拿之中死于歹徒刀枪之下的有之……唉，警察好辛苦！所以我们真应该理解警察、爱护警察和善待警察。所谓理解与善待，其内涵自然包括对目前警界尚且存在的种种问题的正确理解与对待。无原则地苛求警察、打击一大片、不看九牛只揪一毛（因为个别坏人坏事就臭整个警界）等，都是不公平的。

二则，我们每个公民都是警察服务和管理的对象，包括近来狠心“打警”的君子们。你们当中的某一位（或许亲属）亦可能曾经得到警察的帮助；至于警察为民服务、解救受害人于匪窝魔窟的事儿，也多少有所见闻吧，怎么一听到见到点儿警察的“不是”就打击一大片呢？

三则，“从严治警”是我国公安机关的一贯原则与方针。各级公安机关，一方面从宏观上提出了“向素质要警力”“科技强警”等战略目标；另一方面出台了一系列旨在从严治警和规范执法行为的具体措施与办法。比如，公安部制定的“十二条”和错案责任追究制、末位淘汰制等。据此，我们完全有理由相信，在各级公安机关的悉心教育和严格管理下，在每个民警自觉严于律己、优化自身素质的基础上，“人民公安”的整体面貌和个体形象必将越来越好，其以往出现的种种失误与错误亦自然会逐渐减少。至于极少数不可救药的“败类”，亦必然会被毫不徇情地清理出去。所以，奉劝可爱的理想主义者们，大可不必忧心忡忡，一颗耗子屎坏不了一锅粥！

（原载《人民公安报》2000 年 9 月 12 日）

下跪的尴尬莫再重复

话说活了这把年纪，下跪的事看得多了，如旧时礼仪性的拜跪、央求性的求跪、感激性的谢跪和惩辱性的罚跪等。其中印象颇深的就是那“求跪”，因为它有时还真有神通——依情论理明明不可能或行不通的事，只要双膝一跪便 OK 了！比如秋胡一跪，其妻罗氏便不再计较“桑园之辱”，夫妻重归于好。气怒难平的三娘王春娥见苍头老薛保一跪，便气消怒散，继续做她的“守节教子”的好梦。可让笔者万万想不到的是这很传统的“求跪”竟跟当今交警的执法搭上界了！

那就是包头市的一名交警为疏导拦路群众，竟于现场四起的侮辱与谩骂声之中，当众求跪十来分钟！而且“卓有成效”——密集的人群渐渐疏散，街面上的交通秩序很快恢复正常。

对这位不知名的好心的交警求跪之举该如何评价？笔者于此讲两点看法：

一是尽管那位交警朋友的动机与效果都还不错，但其跪举确实不应肯定更不宜褒奖，因为一则他用感化代替执法实属不当，二则同时更失掉了一位人民警察的身份尊严！所以于此让笔者诚恳地提醒一句：“朋友，你失策了，失控了，奉劝此举下不为例！”

二是现场群众因感化而听话，又生动地从一个侧面表明：时至今日在我们一些群众心里仍是“有情无法、重情轻法，法纪可违，人情还得讲点”！这就从一个方面肃然提醒我们，实现以法治国的目标实在是任重道远啊！鉴此，笔者于此再对警民双方各提一点希望：

其一，希望广大警察朋友应以此为戒，让“求跪执法”的尴尬莫再重复。切记身为警察在任何情况下，都要强化执法意识，并维护自身的尊严与形象，对邪恶不畏惧、不妥协。相信正义与法律，迟早会赢得公众的理解与支持！

其二，健康良好的执法环境的赢得，要靠全社会成员的共同努力，希望广大群众在提高物质生活和文化智能的同时，能在公德意识和法律意识上也来一个大提高，把公益爱心与守法护法结合起来，多给我们的保护神——“人民警察”以必要的、应有的理解与支持！倘能如此，笔者想警察挨打或求跪的尴尬事自然就会不复出现了。

（写于2004年6月）

警民关系的另类思考

近年来警民关系可谓热门话题，笔者在公安法制报刊上也看到不少这方面的新闻和言论。不过大多是写“警察如何如何”之类，其中有些很前卫的，如曾见一篇题为《多一些汪静雯》的文章，说是看了电视连续剧《黑冰》，十分钦佩剧中卧底的女警汪静雯，并希望当今警察队伍里多一些“汪静雯”。前几天还看到一篇报道说是某市公安局长向来访的普通群众表示“道歉”……这些当然都是好的，也是可以理解的。因为在市场经济的背景下，为确保安定团结的大环境、为保障自身生命财产的安全，广大人民群众首先寄希望于人民警察，希望他们不断地提高敬业精神与职业能力。

可笔者却想到了问题的另一面，即公民（或曰群众）又该怎样对待警察呢？眼下善待警察、支持警察的感人故事固然也有，但在不少情况下，误会警察，甚至打骂警察、看警察笑话的尴尬事也时有发生。比如，最近在某地就上演了这样一幕恶作剧：四名务工汉子为抢占散发小广告的地盘，竟对前来劝解的两位民警拳打脚踢……

本着我国“公安机关与广大人民群众相结合”的公安工作的基本方针，警民关系正似鱼水关系，只有相互依存、相互支持，才能赢得大公安、大治安的效果。鉴此，笔者希望为民者来个换位思考：从全社会公共安全的大局出发，对我们的保护神——日夜战斗在公共安全第一线的警察朋友们多一些理解与尊重、爱护与帮助。鉴此，笔者还欲做几点具体建议：

第一，当你成为警察的“管理和执法”对象时，应客观而冷静地予以积极配合，切忌蛮不讲理、浑不顾法，甚至对警察金刚怒目、粗暴无礼；

第二，当看到警察执法遇到困难，甚至人身安全“有危险”时，应联合周边群众一起勇敢地“站出来”助他们一臂之力；

第三，一旦耳闻目睹警察的好行为，就要采取适当方式及时通报有关方面，给他们以舆论支持；

第四，对警界英烈亲属的各种困难，就该像九寨沟县永乐镇群众吴松柏那样，伸出热情之手；

第五，讲点辩证法区别群体与个体，切不宜因个别警察的不良或错误行为而迁怒于警察群体。

（原载《人民公安报》2005 年 9 月 14 日第 6 版）

好在历史是人民写的

久经考验的伟大的马克思主义者、杰出的无产阶级革命家、理论家、思想家刘少奇同志在将近半个世纪（1919—1967）的革命生涯中，一贯忠于党、忠于人民、把毕生精力和才智都毫无保留地贡献给了我们伟大祖国的革命与建设。他智睿而精深的思想理论是毛泽东思想的一个重要组成部分，并且还是他在党内首先明确提出毛泽东思想在马克思主义理论发展史上和国际共产主义运动史上的“特别价值”。至于他对毛泽东思想的不倦地研究和宣传，也是他人所不能替代的。总之，他的伟大历史功勋将与山川同在、与日月齐光。

至于少奇同志那忠诚无私、光明磊落、廉洁奉公、艰苦奋斗的高风亮节和伟大人格更深深赢得了全党全民一致的崇敬、拥戴和怀念。

然而，又有谁能料到，就在那场史无前例的浩劫中，我党历史上最大的冤案竟发生在他的身上！甚至竟于 1967 年 11 月 12 日含冤辞世。

“青山遮不住，毕竟东流去”，1980 年，党的十一届五中全会让沉冤昭雪，全党全民拍手称快，少奇同志若泉下有知，亦会感到特别欣慰的吧！

少奇同志生前极为谦虚谨慎，一向反对在党内外颂扬他和宣传他，再加之整整十年的“混淆视听、颠倒黑白”，致使如今的广大青少年，对“少奇同志”竟所知很少。这实在是一个不小的历史缺憾！

而《刘少奇风范词典》一书的问世，即是我们几个共和国同龄人为弥补这历史性缺憾所做的一个努力和尝试！若能赢得青少年朋友们的欢迎、若能在社会主义精神文明建设中起到一些积极作用，那将让我们感到特别的高兴和自豪。

还需要说明的是，《刘少奇风范词典》并非“巨细兼容”的传记大全；也不是“夹叙夹议”的人物评传，而仅仅是从少奇同志几十年丰富的革命实践活动中精选出来的若干佳言懿行、逸闻轶事，再用醒目明快的“词条”形式缀连成书的。本着我们的编写初衷，该书“以事立人”的定位，可能比较适合广大青少年读者的口味。

“好在历史是人民写的！”

少奇同志在逆境中说的这句至理名言，不但鼓舞了一代革命者，而且深深教育了我们几个编者，使我们竟敢利用并不宽裕的时间和资料“奋斗”出这部词典。

竭诚地期望老一代革命家、老同志和新一代青少年读者朋友们对《刘少奇风范词典》中存在的各种误漏和不足提出批评意见。

（《刘少奇风范词典》序，写于 1991 年 3 月）

只有民族的才是世界的

暗淡了刀光剑影，远去了鼓角铮鸣。

眼前飞扬着一个个鲜活的面容。

湮没了黄尘古道，荒芜了烽火边城，

岁月啊，你带不走那一串串熟悉的姓名……

兴亡谁人定啊，盛衰岂无凭！一夜风云散啊，变幻了时空。

聚散皆是缘啊，离合总关情啊，担当生前事啊，何计身后评？

长江有意化作泪，长江有情起歌声。

历史的天空闪烁几颗星，人间一股英雄气在驰骋纵横！

鉴于文本阅读比观赏电视的“运动画面”更从容、更主动，也更有益之规律，所以早在1994年长篇历史小说《三国演义》搬上银幕时笔者就想用现代汉语编写一本集中讲述主要风云人物行为业绩的三国题材历史演义的通俗读本，以弥补屏幕稍纵即逝之弊。再就是还想给中青年朋友们提供一部关于三国历史文学的新读本和新读法。如果兑现的话，那么一部小且新的读本在手，大家每每随意翻阅，便能够时时重温那一个个饶有趣味又闪烁人文光辉的故事、英雄人物的音容笑貌与精神气质！于是便自然而然地让大家更深入地走近那段史诗般的历史风云世界……

可惜当时忙于讲台业务，实无暇付践。直到2000年年初（起码名义上“退了”），才喜出望外地应农村读物出版社之约开始了《三国人物风云榜》（以下简称《三》）的写作，历时整整一年多，终于心想事成，《三》即将付梓了。

《三》以人物为主线，讲述了76个人物的100多个行为故事。单篇文本的两层格局是：先介绍人物履历及作者评价看法，而后再讲出几个代表性故事。素材选用上自然以《三国演义》为主，但同时还审慎地撷取了若干源自《三国志》《三国志平话》，以致民间传说与舞台戏曲的富于认识价值的精彩细节。文字上力求通俗简练与生动形象，为诱发催化读者的联想、思考与感悟，笔者还适当穿插了些许的点评文字。

笔者始终认为，只有民族的才是世界的，在市场开放和加入WTO的形势下，在多元文化复合并存的大背景下，为提高当代中华民族的高素质、高智能，自然可以适当吸纳外域的文化养分（创新意识和先进科技等），但笔者认为首要的还是应更多更科学地对本土优秀传统文化的继承、发扬与升华。鉴于此，请吃着“肯德基”、看着《我心永恒》和《穷爸爸富爸爸》的大孩子们，也翻翻像《三》之类的文本吧，笔者想那一定会大有收益的。

（原为2002年9月出版的《三国人物风云榜》的序言，这里文字略有修润）

修身谋事镜与鉴

笔者曾应农村读物出版社之约，出版了《三国人物风云榜》。旨在为广大青少年提供一部介于《三国演义》原著与三国连环画本之间的有关三国人物故事的通俗读本。而此次《修身谋事镜鉴——阿良评说三国》（以下简称《镜鉴》）的编写则是从更接近历史真实的角度引发读者于历史与现实、古人与今人的联系中更好更多地汲取三国历史人物与故事的人文精华和创业守成的经验教训。写法上先重点讲出人物与故事，而后再借鉴毛声山、毛宗岗父子的“评点法”，扼要说出笔者的评点、看法以及联想、感悟之类。如此相信凡干、公、学、军、法、警、医、艺、商以及其他各界职场的广大读者朋友们都会开卷有益的。

当然，还需说明的是《镜鉴》所写不过是笔者重读历史、再翻“演义”后的一些心得浅见，远远够不上是对三国人物是非功过的科学思辨和准确评价。另外，有关三国历史与人物的文献和著述可谓林林总总各领风骚，所以《镜鉴》无论陈事还是立言，肯定存有这样或那样的纰漏或问题，所以还望各界读者朋友以及专家学者予以包涵与批评。

广大中青年朋友们，时值举国上下为实现全面建成小康社会和中华民族伟大复兴的中国梦的时代大背景之下，在全国人民积极响应中共“十八大”号召，努力培育与践行社会主义核心价值观的今天，一代炎黄子孙又该怎样汲取中华民族优秀的人文传统，以优化自身，更大程度地发挥正能量？那么请您忙里偷闲地读点有关三国的历史与文学（如《三国志》《资治通鉴》《后汉书》以及《三国演义》等）吧，说不定会从中找到一两个答案或得到一些启迪呢！因为说到底，古今距离既远又近，有时就仅隔着一层纸，彼此之间也还是颇有“通感”呢。

中青年朋友们，希望大家能以《镜鉴》为引子，能于历史的三国、文学的三国、罗贯中先生、毛宗岗先生以及我们自身等多层面，热情而认真地进行一次有关传承中华古代人文精神话题的探讨与交流。

正是：三国风云耐寻味，文臣武将故事多，边读边思多收益，修身谋事镜与鉴。

（原为2014年4月出版的《阿良评说三国》之自序）

我看“爱情游戏”

好似20世纪80年代一些法制报刊陷入“案例”误区一样，近一两年来，一些媒体又刮起了阵阵“爱情游戏”“纯娱乐”的旋风（无须考据，其皆是舶来品）。诸如：

请一位男嘉宾（其必是演艺圈明星）在某公共场所“勾搭”三位靓女，并同时把现场全过程偷拍下来。随后，再请出她们的男朋友，让男士们猜测其女友是不是会上那位男嘉宾的“钩”？

一个俊小伙面对三位姑娘，其中有一个是他的女朋友。“戏”开始了：主持人让小伙子分别与三位姑娘表演由他事先设计好的情节动作。待全部动作完成之后，再让嘉宾们猜出哪一位姑娘才是小伙子的女朋友，为给节目“添色加彩”，竟有一位嘉宾十分“聪明”地说道：“我认为A女是真女友。因为小伙子搂她腰时，手显得特顺……”

对于如此“娱乐”，时下各界观众褒贬不一，莫衷一是。这亦不足为奇，因为，文艺欣赏嘛，历来是萝卜白菜各有所爱。况且，面对新玩意，总有个熟悉和鉴别的过程。然笔者的一孔之见是：在当前我国文化市场鱼龙混杂的形势下，从爱护广大青少年的身心健康和保护电视文化的健康肌体的角度考虑，此类节目还是少些为佳，而不宜搞得太邪乎、太花哨。

不错，电视作为现代家庭文化娱乐的主要载体，于黄金时段（节假日和晚间）播放一些轻松欢快的愉悦身心的娱乐性节目，应该说是绝对必要的和很有好处的。它可以使处于市场竞争背景下忙碌了一天或数日的人们归来之后，得以积极休息，说不定还会从中捕捉“灵感”，以提高明天的工作效率呢！可这也要看是怎样的“娱”以及咋个“乐”。因为，从文艺哲学的角度而言，不载有任何精神情愫和思想内涵的“纯粹”的娱乐品（包括电视节目）实在是没有的，也是不可能有的。就其倾向而言，或积极或消极或拌蜜糖或掺毒药，如此而已，概莫能外。譬如，要说娱乐和趣味，天下百艺之中莫过于专事“哄”孩子的儿歌、童话了，可大家仔细思辨一下，古今中外，凡流传至今的有着永恒效应的，又有哪一个不富于上好的有益于儿童健康成长的启迪意义呢？（我于此想起了《小白菜》《狼来了》《皇帝的新衣》等）那么，再看看如今时兴的一些“爱情游戏”吧，其中又掺有什么营养呢？实在不敢恭维，我认为确实是低级、庸俗了点。其不但不能给广大受众以有益身心的娱乐，而且对于一些思想尚未成熟偏又处于青春发育期的青少年来说，似乎还有一种引诱、误导之嫌。这只要看看一些青少年看客那如醉如痴、跃跃欲试的样子，再联想到数字可观的青少年犯罪，便不会觉得是危言耸听了！

另外，再从社会文化学的角度来说，此类节目若任其普及下去，恐怕亦会给我们的大众传播和电视文化带来不良影响（甚至可能是一种慢性污染）！因为一个国家的电视文化（包括政治、经济、科技、人文、教育、新闻、文艺、体育以及广告等各类节目），虽然从其服务对象上看，似乎属于一种广纳性的大众文化，但从其功利目的而言，归根到底（丢开形式不论，仅从内容底蕴来看），都应与国家的主流文化相契合（我们这样的社会主义国家更是如此）。只有如此，才能真正起到引导舆论、传播信息、宣传道德、教育受众的作用。同时，作为一种特殊的大众文化，它还需以富于民族特色和现代人文科技魅力的精英文化为营养，以不断提高自身的品位与档次。而时下风行的“爱情游戏”之类，既远离主流文化，又与精英文化并不搭界。鉴此，久而久之，其“娱乐”的目的（编导家的良好愿望）不仅不能实现，还必将陷入脱离大众、贻误青年、污染电视文化的境地。

总之，为服从加强社会主义精神文明建设的大局，为进一步提高全民族特别是广大青少年的综合素质，为不断优化我国尚属年轻的电视文化的审美品格，希望我们的电视工作者，通过自己的切实努力，匠心独运、精益求精，把更富于思想性、艺术性和贴近广大受众审美心理的上好节目与作品奉献给大家。以真正达到“以科学的理论武装人、以正确的舆论引导人、以高尚的精神塑造人、以优秀的作品鼓舞人”的目的。而庸俗的“爱情游戏”之类的所谓“纯娱乐”，还是尽量少些为好！

（原载《人民警察》2001 年第 6 期）

富贵夫妻防情变

《人物周刊》第42期第9版上载有一则富人家庭情变的新闻故事，题目叫作《有钱没有幸福》。

大意是说1985年结婚的职场高手李平和张文华，婚后生意顺利，可爱情甘泉有染。他初次越轨是在1988年她怀孕期间，为了刚出生的女儿她原谅了他。可他呢，从此恶习不改拈花惹草没商量。1993年她为他生了第二个女儿，他仍旧做着那采花游戏。1997年她还是为了孩子跟他订了个荒唐协议：她再不管他的事，他每月给他们娘仨1万元生活费。可是树欲静而风不止，2005年年初当她发现他又跟一个女孩在酒店开房并且偷偷转移资产时（从公司拿走了1000多万元），她才意识到彼此缘分已尽也再无诚信可言，于是绝望之余她搬出别墅决心分手。眼下她最大的愿望就是赶在结婚20周年纪念日之前跟他彻底一刀两断，能跟两个女儿过上平静而踏实的生活。

唉，又一个令人扼腕的悲剧，对此笔者首先想对天下所有夫妻们做一点善意的提醒：贫贱夫妻固然需要彼此的帮衬与鼓舞，所谓“寒窑虽破能避风雨，夫妻恩爱苦也甜”；可家财万贯时，更应该彼此恩爱与呵护，对联手营造的爱情之巢、事业之果也该倍加珍惜。

笔者又联想到在地位与金钱的拥有尚存较大差别的现实社会里，岂止夫妻之间，就是父子、母女、兄弟、姐妹以至知心朋友、职场哥儿们之间，似乎也是共患难者易、共富贵者难。受穷患难时啥都好说，彼此相依为命或风雨同舟呗；可其中一方一旦“富”了、“贵”了，那么面临突然出现的前呼后拥、炙手可热的权势或宝马美女、灯红酒绿的豪华，稍不留神其心理就会产生“癌变”：于是或因权欲膨胀而踢开共同创业的知心朋友、或因物欲膨胀而不认爹娘戕害亲人等。何以如此？说到底就是因为道德修养和心理素质太差，私心作怪、人性劣化以致亵渎了难得的宝贵的“亲情和友情”。所以奉劝如今幸运腾达的哥们儿、姐们儿，越是富了贵了越要提高道德修养、优化心理素质，真正做到富不变心、贵不忘本。倘能如此，整个社会就会少一些血泪悲剧，多一些欢乐和谐。记住，黄金有价情无价！

（原载《人民公安报》2005 年 11 月 14 日）

漫话“小年祭灶”

眼下又临近小年了，让我们就再聊聊小年祭灶的民俗吧。小年的具体时日各地有所不同，但有两个日子似乎公认，一是农历腊月廿三（“腊月廿三糖瓜粘”）；二是农历腊月廿四（有《辞源》词条为证，引宋代文天祥的诗云“燕朔逢穷腊，江南拜小年”）。小年民间又叫“小除”“小岁”“小年夜”“祭灶日”，它虽然不是春节、元宵、端午、中秋那样有着统一名称与时日的显赫大节，但于传统节日民俗链里也是不容忽视的一环。这恐怕又跟其“主打”——祭灶有关了！

何谓祭灶？儿时听大人们说就是：灶王爷（还叫灶神、灶君司命）本是各家之主，小年这天他要到玉皇大帝那儿去汇报民间各家的行为是非功过，玉皇大帝再通过“他”，把每家每户来年的命运凶吉传给每家每户。鉴此人们为消灾祈福，敬请灶王爷“上天言好事，下界保平安”，便要在这天夜里严肃而热情地送“爷”上天。其礼仪程序大体就是：

于夜晚时分，祭主于香烟缭绕的神秘氛围之中跪在灶房灶王龛前（龛中间供有灶王画像，没有神龛的就直接将灶王画像贴在墙上，有时还有灶王奶奶），怀抱公鸡（这里鸡代马，叫什么红马白马。南方有用稻草扎成个假马，而后连同灶王画像一起烧掉。所以有马的事，是因为据说灶王爷是骑马上天），一面念着敬求之词、一面执酒叩头，待喊过“领!”字后便用酒水浇鸡头，只待那活公鸡显出扑棱棱之状，再烧了旧像，方算送灶礼成（有的地方待到除夕时再供上新灶王像，又称迎灶）。

送灶时桌上供奉着糖果、清水、料豆和秣草。糖果的作用一是粘着嘴，难开口说话，二是嘴甜话好，所以有的家就将烤化的糖瓜涂到灶王爷嘴上。儿时我见过吃过的有糖瓜和关东糖两种，前者是用麦芽黏芝麻做成空心的北瓜形状，吃起来酥脆香甜，后者用江米粉加饴糖，做成长条形；那后三样就算备的马料。除以上四样外有的地区还做祭灶汤，原料有豆腐、粉条、白菜、海带等。不过不管是啥祭品，必须送灶结束后，一家大小才可以自食自用。

于此想起儿时邻居魏大爷家祭灶的情形：他先到不远的兴隆祥杂货铺“请回”（实际就是买）灶爷灶奶神像，贴在刷干净的西厨房墙上。而后他跟石头哥哥爷俩在室外立杆挂灯，跪拜着送灶王爷上天……

魏大爷还曾告诉笔者送灶时还有两个规矩，一是祭灶乃男人专职，女人们除外；二是家人们（特别是娃娃们）于祭灶日要谨言慎行不得乱来。

记得跟祭灶日有关的还有两项活动，一是贴春联和年画，剪糊窗花；二是消灾迎祥、扫房、洗澡、理发，所谓“有钱没钱，剃头过年”。

长大以后，在很长一段时间里笔者认为这祭灶送灶实属迷信荒唐，可近年来又觉得既是传统民俗，自然也不无积极的历史文化意义在其内。比如，其中有个传说就很耐人寻味：

说很早以前有户姓张的人家，老大是瓦匠，凭手艺吃饭，他盘的锅台人人说好，人也有心术，家里大小事都安排得妥妥帖帖的。他还有一副古道热肠，对街坊四邻也多有关照，平时谁家有个小打小闹的，他总是出头劝解，如此人缘不错。可惜 70 岁上于腊月廿三那天撒手人寰了。老二呢，是个老实的画师，平时一门心思搞艺术，哪会管家？所以老大去世后没几个月张家就乱套了，最后发展到几房儿媳妇闹分家。这回老二急了，也算急中生智吧，于亡人周年之际暗自筹划了个大哥显灵之计。

他事先悄悄画了一张大哥头像贴在厨房灶墙上，半夜里又故作惊慌地大嚷道：“不好了，大哥显灵了。”儿子媳妇还有全家大小都吓得跑来，只见灶墙上若隐若现地老大和其妻模样，众家人看着看着已是万分恐惧，他则更煞有介事地交代说：“我梦见兄嫂都成仙了，玉帝封他为九天东厨司命灶王府君，他听说你们平时好吃懒做搬弄是非，很是生气，想先跟玉帝告状，再等大年三十下来惩罚你们……”在场的几个祸头都吓得六神无主，连忙跪地求饶，表示从此安分守己不再闹事，并立马做老大当年爱吃的甜食。从此张家还就真的风平浪静、家宅祥和了。

四邻们对此想探个究竟，便不断前来询问显灵奇事。老二见此风势也只好假戏真做，将画好的几张灶王像一一送给邻居们。没承想这段奇事从此沿乡逢镇，不断流传开来，最终成了广为付践的小年祭灶民俗。

还有个说法更值得注意，说的是灶王即火神祝融，祭灶王就是尊祭祝融。祝融者，乃夏商周时代火官的统称，他本是管火用火之高手，因为他教人学会用火，烧烤食物、取暖照明和熏灭瘴气蚊虫等，有大功德于人，所以后人们对他既特别崇拜又十分感恩（关于祝融传说、异说很多，这里恕不赘言）。

仔细思辨，笔者认为前者正好从一个侧面反映了我们民族自古倡导勤劳持家、家人和睦、邻居团结的家风、人际审美追求；而后者不更是我们中华民族文明进化历史的一个曲折而形象反映吗？所以笔者认为虽说时代不同了，民俗自会有变，与时俱进移风易俗也是正道，然而小年祭灶纳福以及一系列“过年”的民俗链里，先人们所表现出来的那种热爱生活、追求幸福、敢于筑梦、肯于付出的精神意气还是非常可贵和值得传承与发扬的。

（原载《银龄之声》2019 年第 1 期）

跟青年人谈学习

从理论上讲学习是没有捷径的，但从实践的意义上看，古今中外的成功者又为我们提供了不少宝贵的学习成才的经验。那主要的三条就是：“立志我要学”“有苦劲和钻劲”“找到了好方法”。

于此，笔者拟以这三条经验为“依循”，对三类情况不同的学子，提点建议与希望。

先对广大在校的青少年学生们劝励一二，一般说来，他们学习的主客观条件比较好，如精力集中时间充裕、老师悉心栽培严格施教、望子成龙的家长们更为他们提供了“全方位”服务，所以他们需要的就是个人的“刻苦努力”。可眼下他们中的一部分偏偏由于优裕的生活条件和浮躁喧闹的社会风气等因素的影响而玩物丧志、不务学业。所以这里笔者指出：他们搞好学习的关键就在于真正明白学习的必要与意义，从而拿出主动性，将“要我学”变为“我要学”！

再说参加继续教育（包括函授与远程教育）的中青年学员们吧，他们因为参加了工作、接触了社会，面临严酷的竞争形势，心里早有了紧迫感甚至危机感，所以对于学习（无论是“专升本”、岗位培训还是备考公务员资格等），自然十分重视与珍惜，所以自觉性与主动性绝对没问题了。鉴此，笔者想提醒的两点是：一是处理好工作、学习、家庭负担三者之间的矛盾，以挤出一定的时间静下心来认真学一把；二是于操作方法上力求科学一点，把听课与看书、理解与记忆、旧识与新知等结合起来融会贯通，避免生吞活剥、死记硬背之类。倘若如此，他们中的绝大多数就一定会既工作好又学习好的。前几年笔者曾认识了一个上北京电大中文专业的学员，他三十四五岁，是给机关领导开车的。学习上困难不少：一是他的工作虽不及公交司机那么紧张，可任务一来没准时候，所以“面授辅导”常常听不上或听不全；二是家务太重，爱人是个“狱警”，其工作单位在远郊，不能每天回家。家里一老一小（他的老父亲和刚上小学的女儿）全得他照顾。可为拿下本科学历，他发挥了极大的主观能动性，千方百计克服困难。听不了课就请同学帮忙录音，遇有疑难再及时打电话请教老师。至于时间，就在一个“挤”字上做文章。早起晚睡不必说了，还一个高招就是给领导开车“到位”后就早早回到“车室”里认真“学起来”（当然有时还得陪着领导）。另外，他还有个办法叫作就地取材。为学好古汉语、古典文学和英语等几门课，他还在社区里拜了几个“师傅”呢。就这样3年下来，终于圆满完成了学业。

最后再对由于种种原因而没能上完中学又没跻身成人教育的“自学生”们提点希望：面临时下浮躁享乐之风和眼花缭乱、应接不暇的娱乐节目（诸如电视啦、交际派对啦、黄金周旅游啦等），则他们更应该耐得住寂寞与清苦，只要认真朝着前文提到的那三条经验，实学巧学持之以恒，几个春秋下来，他们之中的大部分就一定会学有所成的。华罗庚之成为数学家、张海迪之赢得铅字成果等不都是这样的吗？

各类有志于成才的青年朋友，主动学习吧！至于捷径与窍门，其实就在你本人切切实实而又持之以恒的努力中。

（写于2001年）

读报有感二则

近日从《人物周刊》上看了些人物故事与新闻，简言两则感悟。

一、向王励勤学学

每一个成功者都有着他们大致相同的精神与道路，诸如有志气、有理想以及为实现目标而勇于拼搏的百折不挠的精神品格。可仔细究来，他们又都有着彼此不同的成功基因。比如，乒乓球世界冠军王励勤，就正应了中国那句老话——“三岁看老”。他打小就是个很懂事、很有出息的好孩子，仅这一点就给他20多年后荣获世界冠军夯实了基础。他儿时的两个优点给笔者的印象很深：

一是他从小就知道严格要求自己。据启蒙教练沈益民说，他八年如一日地参加训练。一次因扁桃腺发炎高烧39度，可他还是硬挺着坚持训练，后来还是因沈教练的劝说才请了两天假。二是从小就就有爱心，他懂得孝悌之本。那次去青岛打比赛，小队友们带的零花钱早花光了，唯独他忙着训练比赛，家里给他的

27元钱一直没动。直到返程开船前，他才花出去24元钱，可买的东西（糕点啦、白酒啦、发夹啦等）又全是给外婆、父母亲和姐姐的。至此，又联想到他后来拿在“乒超”第一次获得的工资奖金给父母买新房的事。

朋友们想想，一个这么可人疼人的孩子，后来成了世界冠军，自然不能说是偶然的吧！说句笑话，王励勤如果不能成才，老天爷不是太不公平了吗？

所以说，家有宝宝的年轻的父母们，想让宝宝成才吗？那就别太娇惯他们，还得多给他们讲讲像王励勤儿时的故事。记住：对于孩子，穿戴的好坏与玩具的多少并不重要，重要的是好的身体和好的作风，有了这两样，那日后的成才成功便大有希望了。

说到“小王”，还有一点不能不提，那就是他在拿到无数“小”冠军到最后荣获世界“大”冠军的那段不短的日子里（从1988年获上海少体校冠军到2001年在大阪获世界冠军前后13年），也是不骄不躁、心平脚稳的。这一点又让我们联想起那几个号称球霸的足球小子，面对王励勤的成功，也该闭门思过找找差距了！

二、高军是好样的！

虽说“条条道路通罗马”，可湖北天门市的打工仔高军的成功之路走得艰苦又扎实，尽管在浮躁的世风包围中，他没有投机取巧、没有偷鸡摸狗、更没有攀龙附凤，可他的路走得对得起天地良心！两下深圳历经千辛万苦，几经周折终于梦想成真，成了百万深圳人的“菜主管”！

何以如此呢？看过他的故事才发现：他凭得就是一颗腾飞的痴心和一股不服输的韧劲！

因为拥有腾飞之痴心，便敢于白手起家经营“书屋”，并进而把创业的触角伸向了深圳……

因为有不服输的韧劲，所以两下深圳，从做“二房东”到办送菜公司，不断积累不断摸索直至成功……

此外还有一个助他成功的重要因素，那就是他心眼好，他待人一诚二信。他能在自己处于困难窘迫之际全力照顾摔倒街头的老人；他宁肯赔上车费不赚钱，也不能叫急于用菜的客户们失望。

“自古雄才多磨难，纨绔子弟少伟男。”青年高军的精神、行为与业绩不仅给“打工”的同族们以鼓励以鞭策，同时也给正在求学和求职的“知青们”一个及时又真切的启示：

那就是在充满竞争、挑战与机遇的时代，切莫怨天尤人，也不要奢望一帆风顺，只要凭着一份斗志、勇气与信心，就一定能走出自己的成功之路！

（原载《人物周刊》2005 年第 40 期、第 41 期）

为造梦者点赞

白凯文先生原名白润生，中央民族大学中文系新闻专业教授，我国少数民族新闻史研究的开山级专家，其几十年辛勤的学术耕耘可谓建树多多、成绩斐然。近日笔者认真拜读了2014年5月由人民日报出版社出版的他的学术性著述《守护好我们的精神家园——白凯文少数民族文化文选》（以下简称《文选》）。

白先生借助《文选》的出版，对自己在半个世纪以来特别是近30年来于我国少数民族文化生态发展（含文学、新闻、出版、教育等）的研究成果，给予了一次全面而系统的梳理、提炼与总结。全书近60万字，可谓洋洋洒洒、字字珠玑，真正体现了“历史与现实”“理论与实践”“主流文化与精英文化”“科学与创新”的和谐统一。再一个亮点就是装帧质朴大方又不失典雅庄重，一扫时下颇为时髦的轰炸眼球的“花哨劲”。尤其是出版页之后的那若干过去纸质存本的复印件，更为这部著述平添了不少的文化质感、历史感与书卷美。

“文如其人”“看书知人”，笔者粗读这部学术力作，除知识信息上的收获之外，还深深体会到作为一名研究我国少数民族文化的学者那种忠于民族文化教育事业，刻苦攻关、勇于创新的精神品格。

白先生是一位大胆而执着的造梦者和有魄力、有韧劲的实践家，“读书—教书—写书”是他最初的梦！作者青少年时代生活清苦，吃穿难顾，可唯一的“嗜好”就是读书。作者曾说：“我觉得读书是很有用的，书读得精，读得好了，那就一定会有用的，而且会有大用处。”的确，读书让作者有了真知灼见和报效民族、报效国家的价值理念。纵观作者几十年的文化苦旅，可以说他始终是在书的五彩梦里徜徉，他以读书为快，书籍就是他的师友。1962 年为实现“教书梦”，他考取了北京师范学院（今首都师范大学）的中文系，毕业后在中学语文教师的讲台上他一站就是 16 年。“文化大革命”结束后（1979 年）他有幸“跨进”中央民族学院（今中央民族大学）的校门。大约 3 年后就出版了《写作趣闻录》和《报告文学简论》两部专著，那“写书梦”也算初步实现。

20 世纪 80 年代初，一个新的挑战与机遇应时而来——系里创办新闻专业，安排老白担任新闻史和新闻传播两门课程的主讲。仅仅经过区区一年的“专业进修”就上岗的他想的不是凑合过日子，而是认为讲课应拥有民族学院的“民族性特色”，于是便萌生了自己动手找教参、编教材的想法。可有关我国各少数民族地域新闻传播方面的资料本校图书馆几乎是“零”，为此他只好采取“一讨二问”之法：所谓“讨”，即发信向少数民族地区各报社讨要那里有关某民族某地区新闻事业的历史情况和档案资料等；所谓“问”，就是跟在校生攀谈询问，再就是利用外出搞学术活动之机向少数民族学者请教或跟来京的少数民族报人了解情况（类似调研）。如此这般，几年下来总算获得了数量可观的鲜活的史料文献和相关人物轶事等。可紧接着又碰到“文字障碍”的困难！白先生只好就地取材、东托西求，向本校精通各种少数民族语言的师生请教。功夫不负有心人，通过几年的土里刨食，首先授课内容已逐渐除旧换新，接着又于 1988 年发表了该领域带有突破性的论文《先秦时期兄弟民族的新闻与新闻传播》。在此基础上带着两个研究生，凭着一股“韧劲”，通过五六年的夜以继日，于 1994 年愣是将《中国少数民族文字报刊史纲》奋斗出来了！而且反响较大，先后荣获两个奖项：一是 1996 年的北京第四届哲学社会科学优秀成果二等奖，二是 1998 年的教育部第二届普通高等学校人文社会科学研究成果二等奖。他的进修导师，新闻学界泰斗方汉奇教授看了后满意地说道：“我与本书的作者相谂近十年，对他的博学多识和认真勤奋的治学精神深感钦佩。”

1996 年他获得教授职称，就此也确立了他在中国少数民族新闻史研究领域的首创地位。“教书和写书”的梦想，至此可算实实在在的“圆上了”！

值得称赞的是白先生那连续作战、不断进取的学者作风。面对成功与荣誉，他以更强的斗志和更大的干劲开始了对旧课题的深钻和对新课题的初探（新课题就是“少数民族与汉族新闻比较”和“世界少数民族新闻文化”等），结果先后出版了《中国新闻通史纲要》（1998 年出版）、《中国当代少数民族新闻事业调查报告》（2010 年出版）。花甲之年的白先生仍继续“两手出击”：一手是在“少数民族新闻传播”这块已开垦的土地上精耕细作；另一手就是牵头搞国家级科研项目（“十五”规划基金项目）——“少数民族语文的新闻事业研究”。直到 2012 年，已近喜寿的白先生送走了他最后的三个关门弟子，歇手挂锄的他仍然满腔热忱地发挥余热支持后来者。

白先生是人文知识分子，探研其事业生涯，审视其道德文章，我们不难发现，在他的精神世界里始终贮藏着一缕炽热的文化情结。

这首先表现在他对文化的高度重视上，他曾说："任何一个社会的经济形态，实际上都是文化心态；经济发展的本质是一个文化过程。应当重视文化的外化形式，更应当重视它的精神价值；我们要重视文化的积累，更要重视文化的引导作用。"无论是整个中华民族的母文化还是各地区少数民族的子文化，他都共尊同爱。唯其如此，他才能对旁人望而却步的"冷课题"如醉如痴地求索与探研，并将少数民族新闻传播的课题研究提高到保护和发展少数民族文化的高度。他在《新闻论坛》2013 年第 1 期"刊首快语"里曾说："少数民族新闻传播跟少数民族群众一样，大多分布在西部地区和边疆地区，它们对内是各民族共有的精神家园，对外则发挥着抵御外来文化的渗透，维护文化学术安全，维护边疆稳定的重要作用。因而牢固树立'文化民生'的理念，发展少数民族地区媒体，特别是少数民族语文的新闻传播事业及其研究，才能在实现中华民族的伟大复兴中作出新贡献。"

再就是他善于从民族文化的大背景上，全方位、多层次地对课题研究（包括局部或枝节问题）予以审视与思辨。他曾经说："探讨少数民族新闻传播发展的内在规律，要考虑到社会诸种因素的作用，比如科学技术的发展状况、文化教育的水准、交通运输的发达程度以及民族心理、民族文化的影响与渗透等……"事实上在他的著述里，每每不乏对"民族历史政经与文化科技"的涉猎与阐述，以致他的有些著述竟被识者誉为"民族志""民族文化志"云云。至此笔者才悟出其《文选》的正标题——"守护好我们的精神家园"的深刻含义！

最后笔者欲言的是：白先生一向治学严谨、方法得当。比如，他十分注意吸纳少数民族的报人与学者作为课题组的骨干，

《中国少数民族新闻传播通史》编写成员就有来自蒙古族、回族、朝鲜族、锡伯族、藏族、维吾尔族等少数民族的不少同志；再如，在搜寻信息材料时除了沿用行之有效的传统方法（诸如实物收集、文献及档案资料的考核认定、不同数据的比对核实、综合归纳、系统化等）之外，为确保原始材料的丰富与可靠，还有针对性地运用民意测验、抽样调查、文献问卷调查、比较分析、重点询问等，实践证明，这些都收到了很好的效果。

总之，“末路出家、大器晚成”（白先生自评）的白先生的敬业精神值得学习，白先生的辉煌业绩值得赞赏，白先生的《文选》值得一读。

（原载《青年记者》2015 年 6 月下，这里有修改）

话说文化养老

当今老龄化浪潮正冲击着我国社会，于是如何待老、怎样养老亦成了热门话题之一。

这里从笔者本人的养老说起，向老朋友们谈谈自己的做法与想法。

笔者是2000年3月退休的，不过因返聘了六七年，所以直到2006年6月才正式跟“公大”讲台“拜拜”。因为在以往的30多年里（笔者1969年年底结婚成家），笔者这个“事业型”的人对家庭的投入确实比“夫人”差多了，至于说对“夫人”的关爱那就更难说了……所以退休之后便订了个“两手并举”的居家养老计划：在保健基础上一手干家务陪老伴、另一手搞点文化。几年下来效果还不错，可谓很身心健康、家庭和谐、老有所为、老有所乐，还荣获了学校2010年度“三好老人”称号。于此干家务一手不说了，单说说文化养老的情况。

笔者的文化，可用“五动”来概括，那就是“看、听、讲、写、参”。

“看”，指读书看报和看电视、上网之类。读书以重读旧作为主，比如《史记》《宋元戏曲史》《艺概》《三国演义》和《红楼梦》等。好的新书也读，比如，季风先生的《北大国学课》。常看的报刊有《人民日报》《北京晚报》《人民公安报》《中国老年报》《作家文摘》《新天地》等。前几年还有《人民警察》和《安徽公安》。至于看电视和上网，就只凭兴趣与需要了。

"听"，除听新闻广播节目以外，还一个要项就是跟他人（主要是亲友、邻居和青年学生等）交流时多问多听，以更多地了解他们的生活与心态等，一句话"接地气"！

"讲"，指本着个人专业范围（文学、文体学和社会文化学）和社会需要相结合的原则，应聘在高校、机关部队、企事业单位，甚至社区作有关文化学、文体写作学以及培育与践行社会主义核心价值观等方面的专题讲座。题目有"弘扬优秀的民族传统文化""公安文化建设的知与行""跟老同志谈写作"和"漫话家庭和睦与社区文明"等。

"写"，主要有两个方面：一是指配合国家时政要闻和离退休老同志的活动写点文章；二是著书撰稿。2007 年出版了 18 万字的纪实文学《忠诚》，2014 年出版了 18 万字的历史人物解读《修身谋事镜鉴——阿良评说三国》。还有大型典籍《中华历代公案大典·明清公案戏曲》40 余万字的书稿已交付待版。再就是几年来还在《人民公安报》《新闻聚焦》（协会刊物）《新天地》和《银龄之声》（公大内刊）等内外报刊发些诗文。

"参"，即"三参"也，一是参加中国人民公安大学老同志活动，二是参加中国专家学者协会和北京现代秘研中心组织的文化学术活动，三是参观旅游。

以上"五动"彼此互补受益一生。"看和听"弥补了笔者"离岗"后视听闭塞之短，让笔者于"接地气"的同时摄取到丰富鲜活的信息，进而灵活地运用到“讲和写”中。而“讲、写、参”三者更是受益匪浅，既锻炼了脑筋、开阔了视野、增长了见识，又充实了生活、结识了朋友，还大大有利于专业上的“再充电”。

老年朋友们，从近10余年的文化养老，笔者的两点体会就是：欲“养好老”一要“心态好”、二要“方式好”。

“心态好”，简言之就是说能正确客观地对自己、对儿女以及日常周边发生的人和事，保持一个平和乐观、自得自信的心态。比如，有机会“发挥余热”，固然不错，如没有机会也不必强求，可以另外开辟活动的“新天地”。对于已经成家立业或渐近中年的儿女们，则又该多体谅多尊重、少嗔怪少“干涉”，有必要又有可能时就帮一把，否则就放一马，而不必瞎操心、生闲气。至于对耳闻目睹偏又不以为然的“甲、乙、丙、丁”，也要学会理解与包容，客观而辩证地对待之，而无须金刚怒目大动肝火。

“方式好”，就是在“心态好”的前提下，再根据自己的身体状况、兴趣爱好以及家庭情况等诸多因素，为自己选取一个恰宜可行的养老方式。具体来说，就是每天除去实施生理性的吃喝睡眠、就医服药以外，再学点技艺、搞点文化，以满足精神心理上的需求。比如，学学书法画画、养鱼栽花、唱歌跳舞，或者学写作、读外语、玩电脑、发微信、搞收藏等，以真正达到“老有所学、老有所求、老有所为、老有所乐”之佳境。不过还特别需要强调的是：不管你原来的学历和职业如何，也不管你采取哪种具体的居家养老方式，都必须要把“精神文化”这个要素加进“养老”中，因为人的生命不仅是生理的、物质的，更是心理的、精神的。

（原载《老警官》2015年第2期，这里标题与文稿略有改动）

劝君试写竹枝词

如今不少退下来的老同志逐渐迷上了绘画、摄影、书法和写作等，特别是有些老领导、老干部还迷上了古典诗词。比如，近日在街心公园，铁路局的一位“老处级”就跟笔者扯起竹枝词来。

竹枝词又名竹枝曲、竹枝歌，乃是我国传统的通俗诗体之一。其原本为流行于四川、重庆一带的民歌俚曲，隋唐时期又进入了文人诗家的视野，这其中有两个名人功不可没，不可不提：一是酷爱音乐歌舞的唐代风流天子玄宗李隆基（公元685—762年），是他将民歌“竹枝词”正式入围了乐府，成为有谱可依的《近代曲》（隋唐间的各地杂曲）之一；二是中唐诗人刘禹锡（公元772—842年），他任夔州刺史时，被巫山县民间且唱且舞的“竹枝词”所吸引，便盎盎然依斯曲填新词，先后写了10多首《竹枝词》。内容大都是歌咏三峡奇险风光和民间男女质朴热烈恋情的，当然同时亦含蓄地流露出他自己遭受贬谪以来的愤懑不平之情。

例一（原九首组诗之七）：瞿塘嘈嘈十二滩，人言道路古来难。长恨人心不如水，等闲平地起波澜。

例二（原另两首其一）：杨柳青青江水平，闻郎江上踏歌声，东边日出西边雨，道是无晴却有晴。

刘翁之后历代不少文人墨客也都写起竹枝词来（尤其元明清几代以及民国时期），致使风格清新活泼的“竹枝词”作品延绵不绝传承至今。据笔者所知，新中国成立以来特别是改革开放以来，不少文化人（作家、记者、学者、教师等）也都喜欢写“竹枝词”。比如，2009 年北京科学技术出版社，就出版有洪学仁、白纲所著的《北京生活竹枝词》。

源于民间的竹枝词，内容上以叙描地域风土人情为主，纪实性很强，富于浓烈的地域和节令色彩。凡风土民情、山川名胜、社会百态、历史变迁、时尚风俗、佳节景观等皆可入“词”。写法上貌似“七绝”（也有八句、十句、多句的），但音韵上不像绝句那样严格（绝句有“一、三、五不论，二、四、六分明”之铁则，可它没有）。以常见的七言四句的竹枝词为例，只需注意三点即可：一是一、二、四句尾字押韵，而且最好都用“平”声（首句尾字用“仄”亦行）。二是第三句尾字必用“仄声”。用韵一般以十三辙为依即可，即中东、江阳、衣欺、姑苏、怀来、灰堆、人辰、言前、梭波、麻沙、乜邪、遥迢、由求。三是用字措辞上讲究自然流畅、通俗明快、雅俗相间。一般也须需对仗（当然也不绝对排除，比如刘禹锡《竹枝词》九首之二就有“花红易衰似郎意，流水无限似侬愁”之对句）。

针对老同志们写竹枝词，笔者再提醒两点：一是虽说不宜“直抒胸臆”，但亦不必像新诗那样执意动用夸张、想象、含蓄之类，在心存某种真情实意的基础上，只需借助真切朴素又形象的叙事写景状物就可以了。比如，一首写早春于颐和园赏梅的竹枝词“红浓黄淡实诱人，有梅无雪亦精神。南湖湿地无由去，乐农轩处玉照存”。二是用韵上大家可参阅《中华新韵》（十四韵）（赵京战先生编著，中华书局 2011 年 6 月出版），该小册子在“附录二”里注明了今为“平声”（阴平和阳平）古时为“入声”的 518 个字。

正在付践文化养老的老朋友们，在参加联谊聚会、旅游赏景或赛诗比画等各类文化活动之际或事毕归来，若能及时拿起笔来诌两首竹枝词，以记其见闻、抒其感触，岂不快哉！

且将笔者所诌马年春节竹枝词缀于后：

竹枝词四首

咏马年春节

腊八喝粥又泡醋，小年过后大扫除。
居室阳台尘不染，门上对联意味殊。
三代七人①八仙桌，黄鱼红酒菜肴多。
接过红包孙儿笑，窗花鞭炮报祥和。
老少围坐屏幕前，你嗔我赞一堂间。
冯氏春晚多争议，调得众口实在难。
顽童陶然②逛厂甸，墨客东街③赏画卷。
戏曲晚会真热闹，过年人人不适闲。

（原载中国人民公安大学《银龄之声》2014 年第 89 期）

---

① 七人，笔者家除夕吃团圆饭的是七个人。

② 陶然：一是指陶然亭公园，2014 年春节北京传统厂甸的“民俗区”在那儿；二是说逛厂甸的孩子们吃得玩得很高兴。

③ 东街，指和平门外的琉璃厂东街。那里是 2014 年厂甸的“文市区”，那里字画金石甚多，任你赏看与选购。

第三辑　讲　座

创新思维的认知及其运用

创新思维及创新实践既是21世纪世界各国经济、科技、国防和思想文化的战略决策之本，又是涉及社会生活诸方面的紧迫课题之一，因此学习创新理论、强化创新意识、培养创新精神、练就创新能力，勇于创新实践从而驾驭今天赢得未来，实在是摆在大家面前的一个实际问题。今天重点阐述三个问题：创新问题的提出与战略意义；我国在构建自己创新体系方面的可喜态势；创新思维的基本理论认知与启用方法。

一、创新问题的提出与战略意义

（一）人类历史既是劳动实践的历史也是创新开拓的历史

采集、游牧、农业、工业、后工业……直到今天的信息—知识经济。人类在群体社会实践基础上的创新思维及其行为活动过程就是达到认识和改造世界的目的的过程，从而把人类两个文明不断推向一个个高峰。比如，交际手段的进化——图示烽火、语言文本、电话手机、广播电视、网络光盘。因特网带来多快好省的信息服务，“上了因特网、天涯若比邻”。

（二）知识经济时代的到来，要求社会及其每一个成员必须拥有创新意识与能力

知识经济时代的几个特点：

1. 科技对经济发展的决定作用。过去是“时间是金钱、效率是生命”，如今是“知识是金钱、决策是生命”；科技成果转化为生产力的周期加快。

2. 发展基础在教育，关键是人才，创新是灵魂。

3. 除主观和客观世界外，还存在一个由图书文献和脑存软件构成的知识信息体系世界。

4. 资本不再是资源和钞票而是人才和科技，它可以赢得可持续发展、还可以全球共享。

实例：以色列、日本、比尔 · 盖茨。

（三）给予我们的几点启示

1. 科技转化为经济成果的周期加快了。文化、知识、创新（知识、思维、管理、经营、产品、环境等）和人才成了国家、民族及个人能否适应和发展的先决与前提（如因特网的发展）。

2. 创新是 21 世纪的主题。创新问题不再只是少数人的事。创新呈现一种普遍化、整体化和系统化倾向。要求所有成员都动起来，才能赢得整合效应。

3. 国家富强和个人腾达的条件不再是物产、资源和传统，而是人的质量（高素质、高智能）和由其拥有的科技知识水准（可靠的用不完的资源资本）。

4. 不再用过去解决今天，而是用未来规定今天。要驾驭今天眺望明天才能赢得未来。在充满机遇与挑战的当今，再不能四平八稳、因循守旧，而必须不断进取、不断攀援。

二、我国在构建自己创新体系方面的可喜态势

（一）纵向说明

1. 在很长时间里科技创新处于领先地位。

《易经》“革故鼎新、不主常故”，法家“因时而备”“穷则变、变则通、通则久”。唐宋500年。但近代以来（15世纪）开始落伍了。从17世纪后半叶到20世纪末（1651—1980年），科技发明的优势在欧洲。发明家以德、英、美、法、俄等国为多。三次科技革命（18世纪到19世纪初、19世纪后期和20世纪“二战”后）都没赶上。目前是第四次，再也不能错过机会。

2. 关于创新举措，美国在20世纪30—40年代就开始了（1939年美国通用电气公司在职工中举办第一期“创造工程培训班”）。我们晚了半个世纪。1997年，中科院成立了一个专门小组，研究我国创新体系，写了个研究报告。

其基本宗旨是最大限度地调动整个国家和民族的创新能量；争取创新资源的合理配置和充分运用。让大企业、研究所、大学、政府都充分动起来；通过市场行为和政府行为促进产业经济发展及提高国际竞争力。

3. 新时期以来科技创新以及有关成果：巨型计算机、汉字激光照排技术、正负电子撞机试制成功、长江三峡工程、神舟5号宇宙飞船成功发射等以及大量发明专利的获得。各行各业都相继出台了一些创新举措并初见成效。

公安口亦然。科技强警、公安文化建设、大公安、大治安等理论的探索和实践的运作，都在一定程度上开启了新公安的面貌。其中还不乏先行一步者。比如廊坊、杭州、合肥等。当然，如何更加主动有效地适应形势做好工作优化实效、如何通过创新的路数办法，解决警力不足、协调惩办执法和管理服务的关系等

多方面的实际问题，还有许多创新文章可做。

（二）今后一个时期我国为挖掘民族创新潜能、构建创新体系的几项重点工程

1. 进一步解放思想（换脑筋）让全党全国各族人民认识到新形势下，创新之战略意义，提倡竞争机制激励创新精神，克服民族性心理障碍。比如，官本位、长官意志、一言堂、左撇子、守摊子、因循守旧、求全责备、满足现状、患得患失、胆小怕事、盲目从众、迷信权威、夜郎自大、唯上唯书等。

2. 更新管理制度和人事机制。20 世纪的发明不是汽车和飞机而是管理科学。三分技术七分管理。关键是变官本位为人本位。注重人的心理情感，调动其积极性、主动性。

3. 创新教育、培养智能型创造性人才。改革教育，培养创新人才。创新式人才：自信不迷信 + 激情 + 开拓 + 意志。这与素质教育的提法不矛盾。因为素质教育的最终目标是开发其潜能，促进其个性的健康发挥。

4. 发展高科技：信息科学、生命、新能源与再生能源、新材料、环境、海洋、空间和软科学等。

（三）实施过程中处理好几个关系

1. 经验与知识：因为新技术发展快，所以对经验要一分为二，不可守株待兔。脑出血要收缩血管、脑栓塞要扩张血管。过去要老专家，如今做个 CT 就行了。

2. 创新与继承、扬弃：从黑格尔辩证法到唯物辩证法。

3. 局部与整体，个人与组织。

4. 敬业精神与创新能力的关系（关于精神变为物质）。

三、创新思维的基本理论认知与启用方法

（一）关于思维及创新思维

1. 思维乃人的奇才大智所在，大脑之特有功能。“思维——

地球上最美丽的花朵。”思维是高级物质——大脑的运动机能。靠着它人类才能从认识世界到改造世界。思维有间接性（借助语言符号）、概括性和逻辑性。思维有四个基本型。第一，逻辑思维。形式逻辑与辩证逻辑。常用的运作方式有概念、判断、推理、分析综合、演绎归纳、抽象概括、比较辨异、发散集中、逆反、联想和系统化等。第二，形象思维（虚构/想象/联想）。第三，直觉。第四，顿悟（灵感）。下面讲讲创新思维的几个问题。

2. 创新思维。

（1）界定：在知识、经验和智力基础上，为解决某种问题，运用（新思路、新方法）逻辑和非逻辑思维突破旧模式，以新的思考方式选择重组出新设想和新方案，并获得成功实施的思维系统。新思维指导新活动。基本公式：智力—创新思维—创新活动。

（2）特点：独创性、能动性和逆反性、相对性。

（3）运作：A. 问题；B. 思考；C. 顿悟创新；D. 决策；E. 实施。

（二）如何实施创新思维和行为

1. 两个先决条件。

（1）客观社会环境因素（目前在理论和决策上已具备，然而各单位具体情况有所不同）。

（2）个人非智力因素（或曰人格因素）即思想作风情趣性格：如进取心、事业心、责任心、顽强的毅力、坚强的意志、刻苦的精神、广泛的兴趣等；业务实践经验的积累和知识理论的储备等。

2. 个人智力因素，包括探寻敏锐力、审视观察力、记忆能力、预测判断力和联想想象力等。

主体智力技能是源、创新能力是流。创新是人的智力的最高表现。

3. 动用创新思维的基本方法。摆脱故辙老套的线性思维，通过求异思维审视个别、感温（初步的理性认识高于感觉）具体，又联系“整体”，从而找出解决“这一个矛盾”的办法。

（1）发散和收敛思维。前者即通过逻辑的和非逻辑的种种思维方式，让思维沿各种不同的方向任意发散，重组记忆中和眼前的信息，产生新的信息；后者是发散的结果，即通过多角度、多层面的考虑，最后集中一个好方案。有横向法或纵向法。

（2）逆反思维。

（3）换位思维。

（4）联想与想象。

（5）直觉顿悟和灵感。

（6）迂回寻觅法，退一步或拐个弯。

（7）黑箱法，由已知的始末，运筹设计未知的中间部分（破案）。

另外，实事求是、承认变化，吃透共性、熟悉个性等认知方略以及信息、背景、政策和超前意识等都起催化作用。

结语：解放思想与时俱进、迎接挑战抓住机遇、加强学习历练自我、勇于创新做好工作。

（2003年11月6日在解放军总参3部3局的专题讲座）

弘扬优秀的民族传统文化

弘扬优秀的民族传统文化是构建社会主义先进文化、培育和践行社会主义核心价值观的重要一环。中华民族的传统文化博大精深、源远流长，并饶有精华所在，只要我们认真分辨、恰当扬弃、正确弘扬，就可以使其为民族复兴大业发挥正能量。

一、有关“文化”话题的三点基本认知

（一）“文化”界定与价值

1. 注意关于“文化”的多种界定与归纳和当前的“泛文化”之风。

文化概念比较大，甚至显得“笼统模糊”，所以历来有许多界定与归纳，当前又有“泛文化”之风，比如凡事前或后加一个文化，还有人常说“细节就是文化、穿着就是文化”等。因此这里有必要给大家一个比较明确而一致的认定。一个比较稳妥的说法是人类文化乃是人类不断创造、不断发展的物质文明与精神文明之结合。

2. 至于民族文化则侧重在精神意识理念范畴（精神为

"源"，行为为"流"），即一个国家与民族于文明进步与演化过程中汇集而成的反映民族特质和风貌的精神复合体系。

3. 民族文化即民族构成内涵之一，民族的根与魂，与民族共存亡。

人类历史发展的辩证法表明，精神文化对于一个国家与民族任何时候都是至关重要的。一个缺乏理想、信仰、情操和节守的民族是没有希望的。

（二）当前网络时代，国际国内都存在一个敏感的文化问题

1. 国际的情况：网络时代的地球村，国与国、族与族之间除经济利益（能源）冲突外，还有一个文化上的冲突。西方正在积极推行文化殖民主义和文化霸权主义（虽然高唱"同一个世界，同一个梦想""文化全球化，"似乎很动听、很时髦）；而第三世界的一些国家则又践行着民族的文化部落主义。

2. 国内的情况：

（1）一方面科技器物文明和综合国力大幅度提高，国格国威大有提高，外交活跃；可由于一些深层的原因（"文革"后遗症、主流文化失信、市场经济、西方后现代主义渗透等）在精神文化领域有些问题。科技热人文冷、大众文艺媚俗奢靡，一部分青年人信仰危机、道德沦丧、价值观错位（拜金主义、享乐主义、消费主义、个人主义走俏）等，这些情况都与复兴之梦相背离。

（2）改革开放以来，我国文化上的多元并存。主流文化、精英文化（科技文化）、传统文化、大众文化、民俗文化、外来文化和网络文化，其中自有利弊与得失。

（三）我们党在当代文化领域的战略举措

1. 努力构建现代社会主义先进文化，赢得自己民族新的精神家园（绝对必要、十分迫切）。

针对以上国际国内情况，决心大力强化优化民族新文化，即

发展经济科技军事和保护环境增强综合国力的同时，必须抓好精神文明建设，振奋民族精神、发展民族文化，培育与践行社会核心价值观（富强民主文明和谐、自由平等公正法治、爱国敬业诚信友善），以增强“软实力”。

2. 鉴此，必须弘扬优秀的民族传统文化，它与培育与践行社会主义核心价值观密切相关，是构建社会主义先进文化的重要一环。

构建社会主义先进文化（和谐文化）应以主流文化为先导统帅（反腐倡廉党管党建）、传统文化为根基（支撑）、以精英文化为营养。

二、关于弘扬优秀的民族传统文化

（一）中华民族传统文化总构成及其要津

1. 中华民族五千年来自然流传下来的具有稳定势态的影响整个社会、民族历史与社会成员的精神理念（心性）与科技器物成果之综合。

2. 总体构成包括四个部分，精神理念文化、艺术审美文化、生活民俗文化和科技器物文化。

3. 要津就是精神理念文化。因为中国是一个伦理道德文化大国，从人类文明发展史的角度而言，在中华民族传统文化大系统中最富于特色与影响的乃是精神理念文化。

（二）精神理念文化的主要内涵

哲学理念、宗法伦理与人格审美三大层面，下面分别宣讲之。

1. 第一层面——哲学理念（世界观与方法论）。

（1）“天人合一”的哲学根本命题。

三个含义：人是天地间之物，人的生活活动要服从顺应于大自然；天人感应，自然法则规律与人的精神与道德是统一的；“天人交胜”，天人各有其能，互相制约、彼此协调（自然界，天胜于人；社会界，人胜过天）。

天道与人道、天性与人性相通（老子云“道法自然”），人的精神和自然界是统一的。人类应力求与天合作中求得生存与发展（西方征服自然求得发展）。

对我们民族心理影响很普遍。天子诏书曰“奉天承运”，梁山英雄造反曰“替天行道”。屈原有《天问》，人们出现纠结窘迫、失意时撕心裂肺地高呼：“天啊！”

孟子云：“尽其心者，知其性也；知其性，则知天矣。”大意是说：（人虽不能控制主观之外的客观世界）但只要用心体悟自然，就能知道上天赋予的天理，那么也就能知天命了。

这跟恩格斯在《自然辩证法》里提到的人的精神跟大自然相统一的观点是一致的：“自然界和精神的统一。自然界是不能无理性的，而理性是不能与自然界相矛盾的。”

还有些相关命题，“天人之分”和“阴阳交合”等。

（2）“以人为本”的礼治理念。

三个含义：第一，天地间人为中心、人神间人为主。“子不语怪、力、乱、神。”“天地之间，莫贵于人”，贵人、爱人。第二，尊君又重民，“民为邦本，本固邦宁”，孟子“民为贵、社稷次之，君为轻”。第三，仁者，爱人（友爱、亲和之意），凡人皆要互尊互爱。

其践行于政治就是“礼治”，即帝王要顺天爱民、百姓应守道自律，以实现政通人和乐土盛世。所谓“一统乾坤礼乐兴”。

举例：尧舜、大禹、周武王、召（shao）公；“文景之治”“贞观之治”。皇帝与巡按大人为体察民情而微服私访很普遍。刘备之所以成功首先靠人本，虽然晚了点（坐龙椅已是今天的退休年龄了）。

（3）“知行合一”的修身慎独，自强不息、刚健有为的奋斗精神。

知行合一：由天人合一派生而来，强调“天地万物与吾一体”“先知而后行”“知中有行，行中有知。知是行之始，行是知之成”“行先知后”（王夫之）。

要注意，其“行”多指道德修养，而非如今广泛的社会实践。

“修身”，道德修炼也，即通过慎独、内省、自讼、主敬、集义、养气等一系列的方式方法而完善自身。

“慎独”，“君子必慎其独也”（《大学》）。其中“独”，独处，“慎”，严格律己。大意就是独处律己，人前人后一个样，做好事不是标榜和给别人看的。

自强不息、刚健有为，“天行健，君子自强不息”（《易经·乾卦》）。天是不断运行的，所以君子法天行道，也要不断地奋斗与拼搏，如曹操的一生。

（4）“贵和尚中”的方法论。

“贵和尚中”就是强调求同存异，万流并包。君子要包容大度，“地势坤，君子以厚德载物”（《易经·坤卦》）。

“和”（不同者相配而达到平衡曰“和”）；“同”（重复、照搬之意），欲求好效果就要“取和而去同”，就要“和而不同”。

“中”，适应、不偏不倚，别走极端（后称“中庸”，庸者，恒久不变之意，“中庸”原是四书之一《礼记》里的一篇）。

举例：五味相和成美食，六律相和成美声。吴国孙权执政52年，所以“能使臣僚肯尽忠”，关键在于对两派（本土派与淮泗派）的善用。

“中庸”原意——“中者，天下之正道，庸者，天下之定理”（《中庸》）。孔子更说：“君子中庸，小人反中庸……”（《论语》）可我们很长时期误认其为“骑墙、折中主义”等，因此该给“中庸”恢复名誉了。

（5）第一层面小结，对传统哲学理念四个要点的分辨与传承。

①对“天人合一”。

整合意识，群体意识。“小我成全大我”“天下一家”的理念。尊重客观规律，又发挥主观能动性。人类应力求于和谐统一中求得生存与发展。

其中宿命论，听天由命、畏天赖天，“命里该有终会有，命里没有莫强求”“万般皆由命，半点不由人”“天能赏功罚祸”等，扼杀了人的主观能动性。

如今我们聪明多了，要做自己的主人，但不可滑向另一极端（对自然疯狂索取，破坏天文地理）。

②对“以人为本”。

旧时其带有欺骗性，在皇权、族权的绝对统治之下，爱民为民难以真正兑现，草菅人命、善恶颠倒、冤假错案的事天天都有。百姓们只好将命运寄托于神灵、清官的呵护和草莽英雄的行侠仗义上（公案戏里向玉帝、阎王告状，包青天大人为民申冤等）。

以往历史变迁与风云人物的成败都证明其理念是对的，得人心者得天下。我们个人应注重修身正己、爱国爱民。

③对“知行合一，修身慎独自强不息”。

古人所谓“行”主要限于道德修养范围，我们今天则应取其精神。一是首先将“社会主义核心价值观”内的第三“层面”（爱国敬业、诚信友善）落实到行动上；二是将“行”扩展到更有价值的改造世界、造福人类的社会实践中（经济、环保、能源开发和科学实验等）。

修身慎独和自强不息都是一种积极的人生态度，我们应以此激励自身，“吾日三省吾身”，不断进取，不断奉献。

④对“贵和尚中”。

“贵和尚中”（“中庸”）的本义确是科学的积极的，它强调兼容并取、多元互补，由此加强了民族凝聚力。说到弘扬，就是要求和谐、防偏执、讲点辩证法，凡事不宜过头，适可而止，过犹不及（一头沉、一刀切要不得）。

当然，长期以来就个人处世而言，“中庸”确有消极影响，以致滋生了扼杀个性、趋同从众、墨守成规、只守成不创新等痼疾，如今必须大力根除之。

2. 第二层面——宗法伦理。

（1）家国一体的宗法社会组织结构。

宗者，祖庙宗庙宗祠也；法者，法则，规矩也。宗法即以血缘为纽带，尊崇祖先维系亲情、区分长幼尊卑、明确继统秩序、规定宗族成员的地位和权利义务的基本准则。宗谱、族长、族权、族规、祠堂、族田等是其要素。它形成于氏族社会末期的西周，由父系家长制为核心的血缘组织演化而来，“天可变、地可变，祖宗之法不可变”，故延续了几千年。直到民国，又与地方政权相融汇，一直到 1949 年才告衰落。1980 年后村里家族组织有所复活，此情有利弊，要引导。

我国古代社会人群间，只有血缘、地缘两种关系。其中血缘是最原始的、最基本的。由于农业与治水抗灾的原因，以血缘为纽带的氏族公社组织一直保留下来，最终形成很坚固顽强的宗法制度。

为准确表亲疏，称谓上名堂多（表姑、堂兄、继母、外公、曾、祖、正、偏、妻、妾），甚至将非血缘往血缘上拉，师徒如父子、四海之内皆兄弟等。

（2）“宗政合一”的统治制度。

族长至君王，家法至国法，形成富于等级特色的君君臣臣父父子子的统治管理制度。国有国君、家有族长，族长既是精神领袖还是财产占有与分配的总裁。祠堂是圣地，族规大于一切，老祖宗说了算。

（3）“以天为宗，以德为本”的伦理道德的行为规范。

由宗法准则和宗政制度铸就我国古代社会成员的伦理道德观以及相应的行为规范——“三纲五常”。

三纲者，纵也，“君为臣纲，父为子纲，夫为妻纲”。要害是忠孝顺从，只可顺不可逆。五常者，横也，即“仁、义、礼、智、信”。其重点是爱人重义尚礼。

举例：父母去世丁忧三年。闵子骞、羊角哀。

（4）第二层面小结，对宗法伦理层面的分辨与传承。

①封建宗法制度的皇权至上、官本位和家长制一言堂等，导致了朝堂官员斗争激烈、乡野百姓水深火热，其负面作用要引以为戒。朝堂上层：皇权至上，统治集团内部争权夺利，争嗣、争宠，甚至卖国等。乡野下层：官本位家长制一言堂，官尊民卑、主尊奴卑、男尊女卑、正贵庶贱。天性、创造性被压制，百姓无人格上的自由平等。“民告官大逆不道。”其中女人最惨：三从四德，视男人为天，婚前从父母之命、听媒妁之言，婚后有“七出”之规（不孝、不孕、淫乱、忌妒、多嘴、偷盗、疾病）。比如，《三国演义》里刘谌妻子自己撞死殉夫、草民猎户刘安杀妻让刘备吃、孙尚香的政治婚姻悲剧等。

②因为培育了群体意识、合作精神，既利于农业生产又利于家国邦土的统一与稳定，所以长期存在下来。今天人们的社会关系复杂多了（如除血缘、地缘之外还有组织关系、业务联系等），但家庭和睦仍是社会稳定的先决之一，所以“孝悌”绝对

重要，大家既要孝顺父母还应爱护兄弟姐妹（“房案”就会少一些）。至于同志朋友之间更该诚信友善，发扬团队精神了。

3. 第三层面——君子人格审美。

古人讲“君子之风，圣人气象”，推崇三种人：明君、贤臣、君子。

（1）平时为人的道德规范。仁爱孝悌、重义轻利、谦和礼让、真诚有信（16字）。

例如，仁爱孝悌，汉文帝、西汉的京兆尹隽不疑、王莽时期潼关守将吴汉、宋代黄庭坚。重义轻利，程婴、公孙杵臼、关羽。谦和礼让，蔺相如、曹操、赵云。真诚有信，曾子杀猪的故事。

（2）关键时刻的忠君爱国、舍生取义。

例如，屈原、诸葛亮、范仲淹、陆游、花木兰、杨家将；“天下兴亡，匹夫有责”。

（3）第三层面小结，对传统人格审美的分辨与传承。

人格审美的16字具体内容，都是很好的，所以其精神皆纳入核心价值观当中。大家应该身体力行，争当新时代的君子。

由君子人格审美脱胎出的传统“价值取向”，即“崇古、唯上、忠君、道义”等，其本质是为封建统治秩序服务的（如“愚忠”），而且在一定程度上，禁锢了思维的活跃创新，并限制了人格的独立自由和才智的充分发挥等，这些教训应该吸取。

（三）对弘扬中华民族传统文化的基本原则与科学态度

1. 热情自信、严肃认真。

基于农耕经济与封建制度下的中华民族几千年的精神理念文化，积极指引我们走到今天，几经磕绊，不仅没有衰败，而且孕育着一次新的超越、升华和辉煌，“21世纪是中国文化的世纪”。作为炎黄子孙，我们应该自豪又自信：我们的民族伟大而优秀、我们的传统文化是“家珍国宝”。

2. 讲点辩证法。

弘扬之举要科学，就是既不复古又不虚无，而是加强分辨与扬弃，剔除糟粕，吸收精华，古为今用，身体力行，使其为中华民族复兴发挥正能量。

要注意三点：第一，一个东西本身有两面性，科举制害了范进，可玄宗以来科举加“诗科”，所以“唐诗”成了世界文化奇葩；第二，凡事皆为发展变化之范畴，所以传承要与时俱进、推陈出新，而不宜照方吃药；第三，传学得好坏取决于我们自身这个行为主体。

3. 就民族成员（公民）个体而言，一是要学点国学，二是要学以致用，从点滴小事做起。从“社会主义核心价值观”第三层面做起，爱国敬业、诚信友善。为赢得“富强民主、文明和谐”的社会主义国家、为赢得“自由平等、公正法治”的和谐社会而做出一份努力！

（2007年9月、2014年6月先后在北京嘉华学院和中国人民公安大学的专题讲座）

与青年谈学“国学”

同学们，大家好，我在确定选题时，想到了以下几句话：

“没有民族自尊心，不珍惜自己民族的独立，国家是立不起来的。”（邓小平）

“唯有民魂是值得宝贵的，唯有它发扬起来，中国才有进步。”（鲁迅）

“不同文明之间的交流，过去已经多次证明是人类文明发展的里程碑。”（20 世纪伟大哲学家罗素）

一、何谓国学？对国学概念的科学认知与诠释

（一）界定

国学系中国学术之泛称，乃指以儒学为核心的华夏民族优秀的传统文明的复合体系。

国学的别称：中学、国故、国粹、汉学等。

传统而言，是相对于西学（19 世纪最分明）的以四学为主干、以民俗菜肴婚丧文艺为枝叶。所谓四学，即义理、考据、辞章和经世之学（今言政经、司法、军事、医术等）。

1. 先秦经学与子学、两汉经学、魏晋玄学、隋唐佛学、宋元理学、清代考据学等。

2. 文字、训诂、校勘、辨伪、辑佚、声韵、图书出版、目录等。

3. 文学、艺术、语言、文章。

4. 经世之学，经营、管理、建设之意，含工、农、商、学、兵、军、医、水利、机械、器物等。

时至今日可谓进入"后国学时代"，其所指内容大体是互相交叉渗透的意识形态上的传统精神文化。包括哲学、宗教、伦理、人文、教育、思维、语言、艺术、辞章、科技、军医和民俗礼仪等。诸如自强不息、正道直行、贵和持中、民本思想、平均平等、实事求是、豁达乐观、以道制欲、崇德重礼、创新守成等。如此，正好又与古代文化学有所交叉。不过不要误解我们仅仅是个哲学伦理学大国，其实就古代科技而言，我们也是很发达、很超前的。马克思对四大发明（指造纸、指南针、火药、印刷术）中之"三大"就给了很高评价：

> "火药、指南针、印刷术——这是预告资产阶级到来的三大发明，火药把骑士阶层炸得粉碎，指南针打开了世界市场并建立了殖民地，而印刷术则变成了新教的工具，总的来说（它们）变成了科学复兴的手段，变成对精神发展创造必要前提的最强大的杠杆。"

再如，公元前613年春秋时期对哈雷彗星的首次记录，其后又进行了30次。而先秦的《甘石星经》比欧洲早了200年。

（二）对国学的科学理解

1. 其以古代社会经济政治为土壤，故欲学之则先要读点古代历史，如读《左传》《史记》《资治通鉴》等以了解我国古代社会的各个方面。这样才好懂得如何传承与借鉴及其局限。

2. 多民族性，以汉族为主，但包括华夏各民族。契丹之辽、党项羌之西夏、女真之金、蒙之元、满之清等。回食、藏医、蒙骑、彝舞等。从个体文化人而言，别忘了李贽、沈从文、老舍、马连良、程砚秋与刀美兰等。

3. 博大精深、源远流长。修身、谋事、治世、育民，政、经、法、工、农、商、学、兵、艺等，其多元一体综合性强，涵盖面宽（诸分支之间的内在联系性）。

4. “道与术”的结合性，既是理论的也是实践的，既是人文的也是科技的。今之学习国学又主要旨在将民族的一种传统性、综合性精神理念融入当代的积极进取的民族精神文化（社会主义核心价值观）之中。

5. 国学是一个发展范畴，不是僵化的、一成不变的，而是不断发展变化的。国学与现代全球文化主流不矛盾。有专家说只学国学是瞎子、只学西学是哑巴。故二者（指国学与西学）应该兼收并蓄（学国学既不宜守于一曲又不能私言造作）。

二、青年学习国学的目的与意义

（一）背景

1. 国学屡遭厄运，19 世纪中叶引进西学、20 世纪初打倒孔家店，请来德、赛二位先生。20 世纪五六十年代那场“浩劫”以造反有理论和机械阶级论为大棒彻底打倒轰毁了传统文化伦理道德。20 世纪 80 年代虽然萌生“寻根意识”，但又有《河殇》反调。

2. 20 世纪 90 年代弘扬呼声日高，重视母语，建立国学院。2006 年 9 月党和国家拿出了《国家十一五时期文化发展纲要》，反复强调在构建和谐文化的过程中传承优秀传统中华文化的问题。我有一个观点，即建设当代中国的民族的社会主义文化应以本土三元文化（主流文化、精英文化、传统文化）为根基。

3. 对“国学”，日韩以及东南亚各国一向重视。日本当代投资专家北尾吉孝说“中国古典是日本教育的根本”“经纪人想要有智慧有见底，阅读中国古典是唯一有效之法”。韩国很看重孝道，伤亲杀亲案都将重判。

“21世纪是中国的世纪”，世界上有百所孔子学院、三千万人学汉语、2005年9月28日全球祭孔子。2007年9月20—28日曲阜市举办了国际孔子文化节。

（二）目的

1. 强化本土文化，振奋民族精神，为强国健民服务。

2. 建设当代民族新文化之需，为实现全面现代化而输入传统营养。

3. 我国历史上伟人领袖都颇晓国学，当今青年应补上这一课。让青年知根爱国，更为自信自尊自豪，进而增强全民族凝聚力，让大家的精神统一到“老传统新体系”（社会主义核心价值观）上来，认真做人做事，努力报效民族国家。

（三）意义

构建和谐社会，实现中华民族伟大复兴的中国梦，真正自立于世界民族之林之必需。

三、怎样自学

（一）抓住几个主要部分

1. 读史以“知史知根”（史学书目介绍）。

2. 儒、道、释三元复合的哲学理念（“释”本为外来，可却有自己的发展）。

3. 传统伦理道德与人文教育。

4. 思维模式与语言文化。

5. 科技与军事、医学。

6. 艺术审美与辞章学。

7. 民俗礼仪与饮食文化。

（二）原则方法与要求

1. 学国学既不该食古不化、全盘吸收，又不能无视虚无。冯友兰先生曾说：“中国哲学史中有些命题应区分，其抽象意义与具体意义，如过于强调具体意义可继承的就太少，——如过于强调抽象意义，可继承的又太多——”

所以今天青年朋友们学习时要下一番审视、分辨与提炼的功夫。

2. 坚持“四功”：读（原著及课本之类）、思（审视辨别）、比（中西、古今、己他）、行（做人做事）。另外，鼓励开口交流、动笔撰文。

3. 坚持“三结合”，理论与实践、知与行、自学与求师。

（三）要著与参考书举要

1. 十部书：《论语》《孟子》《大学》《中庸》《道德经》《庄子》《孙子兵法》《六祖坛经》《心经》和《金刚经》。读时要借助古汉语工具书弄通原义。

2. 《国学入门》（人大出版社 · 朱维焕）、《中国哲学小史》（人大出版社 · 冯友兰）。

《中国文化概论》（湖南师大出版社 · 高教自考教材 · 王宁主编）和《中西文化比较》（北大出版社 · 徐行言主编）。

3. 新旧参考读物。梁启超、钱穆、章太炎等有关著述演讲。近年来出版的阐述性普及读本，比如《学国学用国学》（同心出版社 2012 年版，刘方成编著）。

（2007 年 9 月首次在北京嘉华学院文化周的专题讲座）

浅谈几部古典小说

笔者集中对几部著名的明清小说的思想性与艺术性做点扼要评介。

一、《三国演义》艺术上的主要成就

(一) 人物写得好，其中几个妙法

1. 对比法，比如孔明与周瑜、张昭与司马懿、曹操与刘备。

2. 矛盾法，比如借助展开赤壁之战中对垒双方，以及某一方内部存在的各种矛盾，以凸显众多人物的性格与智商、情商。

3. 细节法，比如第 17 回曹操杀粮官、第 65 回关羽信求与马超比武以及孔明的妙回关羽等。

4. 写意法，即略貌取神之法，比如塑造孔明形象之成功，就得力于此法，比如第 36、37 回的三顾茅庐、第 39 回的火烧博望坡、第 43 回的舌战群儒、第 95 回的失空斩等。

(二) 战争写得好，其几个基本方略

1. 绝无流水账式的平均主义铺陈过程，而是有侧重、有主打。比如，博望坡一战，写孔明的运筹帷幄；官渡一战写曹操的知人善用、袁绍骄横寡断；赤壁一战，主写吴主孙权的胆略、鲁肃的外交与孔明的睿智以及孔周二人的和而不同；失街亭，写将帅不和以及诸葛司马之高低较量。

2. 用战事衬托人物性格，比如，街亭一战里的赵云、马谡与王平。

3. 战事进程里的大小系列写得有条不紊、详略得当，如第8回里写赤壁备战情况。

二、《水浒传》的两个“主打”

（一）在现实主义和浪漫主义的结合中完成人物刻画

1. 忠于现实，从人物不同的处境遭遇中写出“这一个”或“那一个”。阮小二老成持重临危不惧、小五精明强干爽快利索、小七则似一盆烈火急躁冒失。环境情节人物性格三位一体。108将个个面目不同。

2. 其浪漫色彩表现在英雄气概、勇敢行为和豪爽作风上，真可谓栩栩如生、掷地有声，荡气回肠、可歌可泣。比如，三拳打死镇关西、倒拔垂杨柳、武松打虎、风雪山神庙、智取生辰纲、闹江州劫法场等。

3. 人物语言的个性化。

（二）具体分析几个人物

1. 李逵。流氓无产者，造反坚决少保守，皇帝老子不在话下。哥哥是长工，自己是进城的破产农民，江州小牢子。性格粗鲁而又善良，不杀李鬼，因为李鬼孝母养娘。疾恶如仇、知错必改。但没觉悟，在扈家庄乱杀人，粗心愚蠢，母丧虎口。义重如山，被宋江药酒毒死，还说什么“罢罢罢……”

2. 武松。原是阳谷县步兵都头，因为兄报仇自首赴刑，发配青州牢城，偶遇孙二娘、张青、施恩。后张都监、蒋门神又加害于他（打40板子发配恩州）。他杀回鸳鸯楼杀了张、蒋后投奔了在二龙山的鲁达和杨志。

有正义感、耿直、胆大、心细，有法律头脑，如对兄案的前后处理。先告不行，才让胡正卿写字、口供、画押。

3. 杨志。“三代将门之后，武侯令公之孙”，起初做殿帅府制使，后因押送花石纲在黄河翻船畏罪逃避。后遇大赦变卖家财买通枢密院重谋差使。此时林冲初到二龙山为交“投名状”撞上了他。王伦本想让他入伙，但他执意不肯，还想着到东京谋个一官半职也好，“把一身本事边庭上一刀一枪，博得个封妻荫子，也与祖宗争口气”。为此不惜贿赂赃官，可那殿帅府高俅不给好脸，只得困居东京。卖刀、又杀了泼皮牛二。自首后发配大台府留守司去充军。梁中书看他是个理想的“保镖”，便废其罪、命其为役。因武艺佼佼便提升为提辖。后来干了刮地皮的差使——替害民贼梁中书押送价值10万贯的生辰纲。丢了生辰纲后才投奔了梁山。他之觉醒造反，其路曲矣。

4. 鲁达。贫农手艺人出身，后奔行伍升军官。为替金老父女出气，三拳打死镇关西，奔出渭州城。在赵员外帮助下，先去五台山为僧，后又奔东京大相国寺。性格豪爽、粗中有细。比较而言斗争性更强，行为果断坚决。

5. 林冲。官逼民反的典型。东京80万禁军教头，家有美妻和奴婢。一心报国出人头地。不料遭高俅父子迫害，初时逆来顺受，想保住事业与家庭，直到希望彻底破灭，方杀了仇人陆谦奔了梁山。

（三）成功地写出农民起义

1. 深刻揭示了起义的社会根源，白胜唱的山歌（阶级对立、官逼民反）。

2. 歌颂了英雄行为和造反精神（李逵和林冲两类人的）。

3. 写出了过程，二龙山、桃花山、梁山。既写了个人的不同道路，又展现了波澜壮阔的集体斗争。比如“三打祝家庄”“智取生辰纲”“闹江州”等。

4. 一定程度上揭示了失败原因。第一，反贪官不反皇帝的糊涂认识；第二，成分复杂、投降派掌权；第三，不代表新的经济关系。

三、《红楼梦》的思想与艺术

（一）巨著的内容与主题

1. 封建贵族青年贾、宝、黛三人恋爱婚姻悲剧。同时写出封建上层代表的四大家族的兴衰过程。以贾府为平台，揭露封建社会后期社会朝野的种种黑暗、罪恶和腐朽以及不可调和的矛盾（一个基本矛盾、一个内部矛盾——后者为重点）。

2. 对封建社会做了有力的批判，预示了必将覆灭的命运。

3. 歌颂了叛逆者的精神行为。宝玉等有初步民主思想，反伦理、反功名、反包办婚姻。从作品结局看是两败俱伤。

（二）作品的进步思想内涵，主要体现在对中心人物贾宝玉性格的圈定上

封建贵族青年，锦衣玉食，上有贾母宠爱，下有丫鬟伺候，但他不以为然、视为束缚。

1. 反对伦理纲常的一套，厌恶怪异家庭与是非矛盾。喜欢女孩子，亲近体恤下层。

2. 不屑科举、厌恶功名。贾政骂他是“混世魔王”“不肖孽障”。

3. 热爱人生，追求自由恋爱。

局限：不敢正面斗争，不敢向家族权威直言爱情，惧怕父亲。除一点爱情动力外，再没啥精神支柱。想金钏，只用“烟”

表示反抗。有骑士之勇敢与工匠之艺。

（三）《红楼梦》的总体成就

“自有《红楼梦》出来以后，传统的思想和写法都打破了。”（鲁迅）

1. 内容的真实性，能选择典型细节，如实描写又并非任意夸张想象。

2. 主题的深刻性，作者与人物有共同的思想基础，封建叛逆者，写出爱情悲剧的社会原因。

3. 人物刻画的成功，个性突出，尤其是语言之个性化。

4. 网式结构，高于《三国演义》《水浒传》和《金瓶梅》。

四、古典讽刺文学之杰作《儒林外史》

（一）主题

揭露封建知识分子追求功名富贵和官吏贪污受贿的卑劣，抨击了科举制度和封建礼教。从一个侧面反映了封建社会的黑暗和不可救药。《儒林外史》标志着我国古典讽刺文学的高峰。

（二）作为讽刺文学的几个超绝因素

1. 内容与主题决定了使用讽刺笔法，凡坏东西都有两个基本特征，即腐朽反动性和欺骗性。

2. “讽刺的生命是真实，不必是曾有的实事，但必须是会有的实情。”（鲁迅）

该作的成功在于现实主义创作方法，其与《聊斋志异》和《西游记》不同。

3. “无一贬词，而情伪毕露”，于客观的白描中表明了主观意向。比如第14回里对马二先生的刻画。借助游西湖一事刻画八股迷马二先生的麻木、迂腐与庸俗。他对十景毫无所感，只见了八股选本特别高兴，对御书楼仁宗写的字、片石居请仙功名、丁仙祠求签发财等事颇感兴趣。再如，老童生腐儒典型范进的迂腐、笃信科举、醉心功名。寒门出身20多年才得进学，考了20多次白了头发、想得中但没信心，54岁考上后便美疯了。而人们前后的不同态度揭露了封建道德文化的虚伪，连小人物也趋炎附势，慕势之风。

此外匡超人的滑头、牛浦郎的无知等，也都写得入木三分。

4. 细节法、区别法，使人物跃然纸上，声态并茂。

严贡生死前为“灯芯”、胡三公子买板鸭用篦子刺试肥瘦。

5. 对比法，周进与范进。

（1983年夏，给北京电大中文专业82级学员的讲座）

跟青年教师的一次谈话

北京嘉华学院的老师们、朋友们：

大家好！

本着三结合原则：现代教育科学理念、自身40余年教书育人感悟、当前情况（包括贵校与大家），跟大家谈谈怎样当好教师的问题，交流而已，大家期望值不宜过高。先简单讲两个认识问题，而后重点讲讲备课与讲课两个实践问题。关于“育人”，即中小学的班主任和高校的班级辅导员工作就不讲了。

一、两个重要的认识问题

（一）民族振兴国家富强社会和谐，教育乃重中之重

1. 人类文明史、各国与民族发展史表明：教育是恒常而神圣之事业，一个民族有了自己生机勃勃卓有成效的教育，方能自立于世界民族之林。故凡强国强族都要在此下功夫（战略地位）。社会文明与世风健康，教育和法制是两大保证。

2. 就我国现实而言，过去比较落后，从私塾到洋学堂（20世纪），平均文化素质低，科技落后。教育乃民族振兴、国家昌

盛之基础工程，构建和谐社会，解决三个问题（腐败、民生、精神低迷），其中第三个要靠教育。四个建设中有两个（社会、文化）跟教育事业大有关系。

（二）教育是个大系统工程，其中校长与教师为重要环节，前为导演后为主演

1. 教育事业是个大系统，其中有政治制度、经济文化、科技水平、生活状态方式等各子系统，其中校长与教师二者互为作用。比如，蔡元培教授治校思想自由兼容并包，才有了李大钊、胡适、梁漱溟；清华的吴宓与四教授梁、赵、王、陈。

领导的好方案要每个教师去实施、教师的科学创新的教学活动更需要领导的支持，比如应试问题、教改、请进走出等。

2. 教学层面教师是主导。因为他直接接触被教育者。传道、授业、解惑、灵魂工程师、精神文明文化传播者（蜡烛、园丁）。当然，还有学生、教材、物质条件等。

3. 社会尊重、国家厚待，个人则应自尊自重、自信自励。

二、教师要有良好的职业理念

（一）当好教师的原则提示

1. 黑格尔："教师是孩子们心中最完善的偶像。"加里宁："教师的世界观、他的作品、他的生活、他对每一个现象的态度，都这样或那样地影响着全体学生。"

2. "成功 = 正确的思想方法 + 信念 + 行动。"情商、智商、爱商。

3. 大家有知识储备（知本家），有一定的职业意识（师范出身，愿当老师），本身原为学生所以熟悉了解学生。只需一个不断实践、不断总结、不断加热与充电的过程。一是刻苦勤奋的精神，二是科学的方法，除此之外别无终南捷径。"苦"而后方能

生“巧”。

（二）职业信念（敬业爱业）

1. 看清工作价值。不怕艰苦与寂寞（不可能一夜成名，比不得高官、巨贾、明星、大腕）。“荣誉是知识分子最大的敌人。”（斯帝芬·茨威格）耐得住清贫与寂寞。当前要防止价值观混乱，迷向失范（兰州女孩的例子）。

2. 树立大爱精神，坚持三爱（事业、学生、专业），“三不论”（不论学生高下优劣、不论社会大环境、不论自身处境咋样），明确任务是教书育人。

3. 当好“学”字上的双重角色（自己学、教学生学）。

（三）职业能力

在有“知本”的基础上在以下几个方面下点功夫：

1. 思维（思维缜密又活跃。逻辑与形象、富于创造性）。

2. 表达（口才与文采）。

3. 善于了解学生，能够准确把握学生情况——心理学家。

4. 雅正亲和的气质风度，身心两健的自我本体。

三、关于备课与讲课

（一）关于备课

面临因特网、多元化，应更新观念、改变方式方法。备课的立体化多侧面（备新知识、备学生、备方法等），包含功外之功。

1. 备新知识。

（1）注意昔学与今教之关系，理论与实际，过去与今天。比如教应用文体，应加讲申论写作、案例、述职、求职书、业务小传、公示、议案、信息速传等。散文、随笔。如是改行的更该重新学了。

（2）公修课要贴近专业。专业课要注意新提法、新归纳、新成果（计算机、流体力学等）。

我把讲“公安实用写作”“司法文书”和“文艺概论”的情况，跟大家说一下。

2. 备教材。对教材进行再处理，不宜照本宣科（要过手）。恰当地确定教学内容和环节安排等。难点、重点、详略、快慢（重点反复讲、难点慢慢讲）。适当搞存疑与悬念。

3. 备学生和方法。

本科、大专、单科培训、高级警官研修班等都不一样。提问式、故事式（秘书学）、读典型材料（新闻、公文等）。设例要精心讲究。时间安排等。

4. 备好（讲好）第一课，学生都有审师意识。赢得首次效应。我认为要讲清楚学科用处和学习方法等。

5. 备其他。搞好课前小调研（有两种方法），教室环境、理科教具（计算机实验器械）等都得事先过目过手。

总之，讲课功夫在课外，备课的活计多多。

（二）关于讲课

1. 审美目标：确保科学性（前沿性），突出实践性（反对“坐而论道”），争取生动性、艺术性、交流性。教态既不能狂放也不宜拘谨（严肃有余、活泼不足），要看着学生（“神交”）传授给方法。教语：语言富于明快、形象、美感，声音有层次，利用体态语。

2. 注意方式方法。因材施教、因科而宜（本科、研究生、进修生），贴近性、启发式（引起兴趣、爱听爱学），任务目标重点、难点。善于利用板书（如今还有电子图示）。

3. 赢得首次效应，碰头彩（学生有“审师”意识）。让他们知道有用处、有学头，并且喜欢这门课和你这位老师，跟你学有信心。

4. 了解学生，从而有效地调动起学生的积极性。

（1）讲明学习的五大必要：是健康成长之必需（生命本身的第二层面）；是完善自我之必需（从智商到情商）；是成才之先决、就业之基础；是应尽之社会义务，报国为民之前提；是将来尽孝的基础。

（2）在跟班主任、家长配合方面做点工作（只在课堂见面不行）。

要有爱心、要关心，从社会大背景再结合家庭与他本人找出懒学厌学的原因，实现由“要我学”为“我要学”的根本转变。

（3）三批类学生的普遍病症：

黑色7月导致有自卑感，没信心、没理想、没目标，被动而来凑合混，对自己不负责任；

基础差脑子笨、方法死一些，想学学不好；

既然没上理想大学，60分万岁，耍小聪明，平时瞎混，临时开夜车；

公子小姐作风，有优越感，生活奢华玩物丧志；懒惰成性、光说不做，叶公好龙；

愿意工作（不知求职难、工作难），且盲目乐观，怎么也能找个工作；

凭兴趣过日子，贪玩（玩电脑、追明星、看球赛等），就是不爱学习、怕吃苦；

不适应环境，想家，自理自制能力差；

崇拜名人、羡慕明星，自己心浮气躁也想一夜成名（跟电视媒体误导有关）；

少数孩子身心不健康，或早恋丧亲、父母离异或发育有点问题，有心理障碍、性情孤僻、不合群、抑郁症等。

针对这些，对症下药，一把钥匙开一把锁。

（2008 年 7 月 16 日给嘉华学院青年教师的专题讲座）

对大学本科生的一次讲话

同学们，大家好，今天跟大家交流三个问题，即学习、成才与就业。有啥想法，可以递条子上来。

知识经济、信息社会、两种文化（第一、第二）之环境给我们年轻人提出严峻挑战！怎么办？只有认清生存环境，拉近主客距离，强化自觉的学习意识（变“要我学”为“我要学”）并付诸艰苦而不倦的努力，才能为成才打好基础，并最终成为对国家民族有用的时代骄子。

一、关于学习

（一）对学习必要性的正面认知

学习是青少年健康成长和积极生存之必需（生命本身的第二层面）。

学习是赢得自身“内在美”之必需（从智商到情商）。

学习是应尽之社会义务和天职。

学习是成才之先决、就业之基础、报国务民之前提。

函授远程和结合工作自学等，上大学是很理想的途径。

（二）实现由“要我学”为“我要学”的根本转变，发挥主动开掘潜能

当前的新大学生们，有不少厌学病症：

1. 考上大学就好办了，保险了；

2. 贪玩（玩电脑、追明星、看球赛等），挑课凭兴趣过日子；

3. 高考不理想，对所在学校、所学专业“不感冒”，混日子；

4. 不适应大学环境、自制能力差，不会独立学习；

5. 有家庭优越感，对就业前途盲目乐观；

6. 被早恋丧亲、父母离异等所困扰。

（三）如何刻苦学

1. 刻苦勤奋的精神和科学方法之外别无终南捷径。其中“苦”是前提，有苦方能生“巧”。刻苦之后方能悟出科学方法，从必然中找自由。

2. 不排除学校和教师的积极促进作用（选校与择师）。

3. 处理好几个关系：

（1）己与师（内因与外因）；

（2）博与专（学与用的不等式、对各门课程一视同仁、不可好高骛远、眼高手低）；

（3）知识与能力、理论与实践（不可偏废一方）；

（4）理解与记忆；

（5）人文与科技（互相渗透）；

（6）劳与逸（合理安排作息、合理分配精力和时间）。

二、关于成才

(一) 正确理解“成才”

1. 基本层面，在身心健康、道德行为良好的前提下，有一定的真才实学，能胜任某项工作（站好岗位、干好本职），对社会进步、国家建设做出一份努力即为成才；高级层面，有发明创造对全人类文明有大贡献。

2. 规律：先本层后高层、循序渐进、百年树人。

3. 来自联合国的成才标尺。

1996年，国际21世纪教育委员会在给联合国教科文组织的报告中提出“四个学会”：学会知识，学会工作，学会共同生活合作精神（公德与公关能力），学会生存、适应和改革环境。

未来对青年的三强要求：体魄、智能、精神。

正确对待明星现象，有德才者不一定是明星。

(二) 如何成才

1. 本途和殊途：本途（执着、顽强、勤奋、拼搏、孜孜不倦、百折不挠）和殊途（条条道路通罗马），其中“求学之路”是本途里比较重要的和有利的一条。

2. 五个渠道，读书（先决条件）、行路（“入世”，了解社会）、结友、拜师和上网。

3. 一个参考公式：“成功 = 正确的思想方法 + 信念 + 行动。”

4. 正确对待所谓“命运”、天赋和机遇（不靠后门）。

三、关于就业的几个问题

1. 面临人才市场有机遇更有挑战（北京人才济济、竞争尤为激烈）。

2. 双向选择的原则和竞争性要求，自身得过硬（适应性和可迁移性)。

当前特别需要复合型人才和中层实用型人才。何谓“复合型”? 以教师和医生为例加以说明。

3. 用人单位欢迎有实力,有多用性的求职者。

(1) 体健德高行良,特别是具体到职业素养和敬业精神。

(2) 拥有新生的文化知识和先进的技术,有动手操作能力和实战经验。

(3) 两个信号系统都要灵通(说写、外语和计算机),思维缜密又活跃、富于想象力和创新精神。

(4) 独立生活和工作能力。

4. 个人选择岗位职业的着眼点:

(1) “物质性”条件固然不能不考虑,但眼睛不能光盯着它。关键是专业对口、热爱、有发展。

(2) 有点眼光,前瞻性,能否发挥优长以及某单位文化环境氛围与你的心理贴近等因素。

(3) 要有发展观念,不是一次定终身,但也不要见异思迁,打一枪换一个地方。

四、穿插有关引语和事例

1. 普斯科特所说关于“网上的一代”,川上正光、华罗庚、纳塔利亚·贡达列娃的话。

2. 冰心的一首诗:人们只惊慕她现时的明艳,然而当初她的芽,浸透了奋斗的泪泉,洒遍了牺牲的血雨!

3. 金庸、梅兰芳、林肯、卡夫卡的故事。

(20世纪八九十年代,给中国人民公安大学与其他院校本科生的讲座提纲)

谈谈公文写作

同志们，朋友们，大家好！有机会接触部队的笔杆子很高兴，因对贵处情况也不是很了解，今日所讲仅供参考，就算一次交流研讨吧。集中讲两个问题，一是谈谈写作行为的基本理论认知，二是关于写好公文的几点意见。

一、写作行为的理论认知

（一）写作是一种复杂而艰辛的脑体结合的行为过程

它需要写作主体综合多样的智能条件。哪些呢？简言之就是三个系统，即认知、思维语言和情感（具体包括思想理论、认知思维、情感心理和文字表达能力等）。故古人有文以识为主、文以气为主和文如其人之说。所以大家要想写作上过关，就应该从努力提高自身的综合水平入手，逐渐成为行家里手。此乃先决条件和功外之功也。

1. 具体来说需要理论水平、文化水平、业务积累、思维能力（逻辑和创新）、调研摄取与反馈信息能力、表达能力。另外，政策意识、法律意识、信息意识、时限背景意识（与时俱进)、经济市场意识、科技意识、公关意识等。

2. 渠道：读书、听看、结友、行路、上网等。

（二）写作行为纵向说明

1. 行为原理、两个回合。

2. 三个过程、四个特点。

（三）写作行为涉及的四体（新概念）

1. 主体，写者。

2. 客体，欲写的客观事物、人事景物问题案件等。

3. 载体，写成的物化文本，文书、稿件、论文、作品、书稿等。

4. 受体，即阅读者、接受者，公文的收文单位。

（四）文体意识与知识

1. 文章依体而存，体乃文之干也。

2. 写文章的人，既要对一般写作行为在行，又必须把握你所欲写的文体及文种的功用、目的、构成与写法规范。所以，大家应该强化文体意识和语体意识，把握常用体的写法要领。

3. 几个基本文体：

(1) 在开展行政管理中形成并推动管理正常运行上下级之间、相关部门之间，交流传递信息、沟通情况、开展工作则用公文。

(2) 传播新闻信息、搞舆论引导用新闻稿件。

(3) 揭示事物发展规律、交流学术见解、传播研究成果、就社会问题和业务问题发表看法用论文。

(4) 文学用形象意象感染人，运用想象与虚构概括而形象地反映生活，文学与实用文章本是两个功，但也不绝对绝缘，古代诗人都是公文高手。

二、怎样写好公文（从三个方面讲）

（一）真正理解公文的功能与拟用要则

1. 功用价值。

公务应用写作，是一种最为实际、必要和有价值的写作。对国家行政机关而言，它是施行行政管理的重要的不可或缺的工具，枢纽、杠杆和发动机。公文规范的制作和有效的运转将大大促进工作（传达贯彻、发布、施行、请示、答复、指导、布置、商洽、报告、交流），因此身为领导干部，大家一定要把公务写作拿下来。毛泽东提出“自己动手，不要秘书代劳”、周恩来批评“文法混乱而无条理”、邓小平更说“拿笔杆是实行领导的重要方法”（《在西南新闻工作会议上的讲话》）。总之，公文是天下文章第一体，于公是强化领导效应、推动工作的文字枢纽，于私会逐渐提高文秘工作者个人的综合水平，对前途大有好处。

2. 公文写用过程中的四体情况。

（1）主体：社会性、公职性、公务性身份，代表发文机关。

（2）客体：一是国内外宏观的形势背景，二是上级机关的有关政策指令意图（包括档案材料、红头文件和讲话录音等），三是本机关工作运行实际。

（3）载体：各种名称的公文文种，其在行文关系、拟写步骤和文本内容、语言表达和格式上都有一系列相对统一的明确的规定与要求。

（4）受体：凡公文都有明确的阅读对象和运行范围，所以其受体都是与自身机关有着一定隶属关系的上级、同级或下级。公文“受体”的这个“身份”特点决定了公文在写和用上的特殊规定与原则要求（比如行文关系、文种、内容的客观实在性、可行性和表达上的明确性等）。

3. 公文写作基本特点：作者、文种、文本（格式、内容、标题结构层次语言文字等）、拟用工序（交拟、审核、签发复核、用印等）、行文关系等都有严格规定。

（二）要写好公文（正文）的内容

1. 党政军最高领导机关对公文内容及其写法的基本要求。

2. 根据以上精神，我们应该达到的审美性标准。

3. 应确保内容的针对性、契合性、衔接性，材料的真实性、新鲜性和观点明确意见可行。

4. 为克服内容一般化，需要注意以下几点：

（1）关于信息与素材的超前占有。

平日注意主动摄取信息、占有素材、了解情况。渠道和办法：调研谈话、读书阅卷、看电视、听广播、翻报刊、上网与会等。信息类别：政策的、法律的、历史的、现实的、外域的、感性的、理性的、一般的、典型的、上级的、基层的等。

（2）恰当立意定旨。观点要求要明确，注意契合性、衔接性、针对性和可行性。

（3）材料要真实（含数据）、充实和新鲜。再就是剪裁以突出重点、缩简篇幅。

比如专题工作报告、人物事迹材料、调研报告等的写作。

（三）公文表达的优化

1. 自然严谨又恰当的结构布局，注意克服结构别扭不均等毛病。

讲求平直、严谨和富于逻辑性。一般可归纳为引言、主干和结语三个部分。应写好主干部分，其层次安排有并列、递进、总分、纵式、横式和纵横交叉式等几种。讲究一旨贯中、首尾圆合、过渡照应等，但又因文种和行文目的不同而有所变化。

2. 把握好公文语体：

（1）基本审美品格是准确简明、庄重得体和平实；

（2）记叙、说明和议论三种表达方式的综合运用；

（3）阈语修辞、模糊修辞和公文习惯语（文言性的）、文种固定语和有关业务术语的使用；

（4）笔法包括引用、呼告、设问、犯中见避、春秋笔法和片言居要等；

（5）数字与标点的规范。

结语：领会意图了解基层、熟悉情况占有信息、严肃写作（优化内容精于表达），从而做好本职的文秘文宣工作。

（2003 年至 2008 年在解放军总司令部秘书局、北京市委党校等处的专题讲座）

积累经验　加强学习

同志们，大家好！

看了大家的东西（决定、报告、请示、通知、简报等一百来份公文）对我也算一次观摩与学习。总情况还可以，文面格式、文种使用和行文关系等方面都没啥问题。可以说基本上过关了、入门了。今后的问题是在加强修炼、积累经验的基础上提高撰文的整体水平（包括内容与表达技巧）。通过看文，想先对局领导层提点想法与建议：

第一，通过学习科学发展观，应更新领导方法，改进运作模式，避免文山会海，爱护大家的积极性，扩大“自管”空间，以更好地发挥下面的主动性、创造性。

第二，指导性下行文要注意可行性与一定程度的“弹性”，而不宜要求过死。

第三，利用好内部电脑、电话，尽量减会少文。不宜动辄就写书面报告。

第四，提倡短实快的文风。多用信息快递、汇报提纲等文种。从改进作风与学风入手，优化文风。

下面就针对大家的情况集中谈两个问题。

一、关于格式与选用文种上的几点提示

（一）主题词

3至5个（15号劳教、民警工勤人员、标兵、方案、通知，6个多了），简报期号“第+期”、请示的联系括弧、正文内序号、决定的题注（成文日期或会议名称及通过时间）。因现在是逐渐存档重要性下降，但对收文机关还很有用。

（二）标题

不宜过长（如103号、23号、38号）。要避免口号式与过多对偶句，比如“拓展训练强素质、熔炼团队保平安”、抒己见走科学路、广调研绘发展蓝图等多了就不好了。而“开展合作研究、促进戒毒工作”这个不错。

（三）文种使用以及篇幅

55号可用简报，6号可用工作经验报告，47号“总结报告”的提法不妥。

英模人物简报可用表彰通报或上报性人物事迹材料。

73号用请示，篇幅过长了。69号应使用建议性意见。

坚持一文一工作一事务一问题（信息快递）。

二、关于写好正文的提示

注意公文正文的审美总目标：意旨要新明，内容要言之有物。避免空泛含糊。事实材料要既真又新，文字要平实、精当、简明。

所谓内容，一是原本事由、内容（105号所领导接待日之内容、16号对外宣传写稿），二是“正文”的具体材料与意思。下面再逐一说明一下。

1. 关于内容。想好才能写好：用辩证逻辑思维分析矛盾、揭示本质、取定主旨（分析综合、抽象具体、归纳演绎比较等）。

确定好表述角度和重点（亮点、新异点、领导关注点、小焦点），例文 56 号和 8 号。

注意详略剪裁，不必面面俱到（如会议简报、各位领导的讲话），别总怕漏啥。

文意、角度、重点将决定结构与方法。

2. 关于结构。三大块不是不能用，但为避免八股感可选用总分、对比等。避免高帽长靴，背景不宜交代过多。领导讲话和文件也不宜引用过多。要善于运用概括思维与文字。

3. 关于语言。我看大家写的文字有生硬、空泛、平俗和紧张的毛病，不够生动和舒缓。公文非散文、论文和新闻稿件，其应以叙说为主，因此注意传统的春秋笔法的运用。尽量少些口号、空话、套话之类，因为那样便失去了传递信息之价值。

三、结语

1. 改进机关工作是写好公文的内因，学风作风将决定文风。

2. 写作行为的综合性，理论会指导再实践，所以建议大家学点秘书学、文章学、写作学、语言修辞学和逻辑学等系统知识。

（2009 年 4 月 28 日在北京市劳教局的专题讲座）

在《公安月刊》编辑部的发言

现代广播、电视和报刊三大媒体各有特点，比如稿报刊一直颇有普及性和广泛性，制作过程相对简单省力又经济。再从接受过程看也比较随意方便，一报一刊在手，想啥时看就啥时看，饭后茶余、旅途车上，节假日里、床头枕边等。另外就是读者还能简便快捷地“互动参与”，像打电话、投稿、读者来信或主动登门拜访等。我就在贵刊上看到不少读者来信呢。有一篇标题是“《公安月刊》是我们的良师益友”。当然，报和刊又有不同，报纸的特点是“短平快”，它有利于更迅速地随警作战，打配合，满足广大受众的“知情心理”。舆论引导也比较直白，靠评论、靠按语。不过因为天天看或几天又见，所以读者多为浏览，看得粗糙，有些信息被自然忽视了。相对而言，刊物有“慢功细活”之常，因此在争取读者上有优势。下面简谈三个问题。

一、我对贵刊的一点评估

近两年来发展势头很不错，部里也越来越关注我们这块“绿地”，特别是 1994 年建立审读制度后各家报刊都积极行动起来。抓质量、抓发行量、抓特色。《金盾》的社会问题稿件；《警坛风云》的文学品位；《人民警察》的颂警长篇；《警方》则主打“金盾文化含量”。还有的搞嘉宾、主持之类，力求办得雅俗共赏、庄谐结合。贵刊则在为警为民“双服务”上做文章，如今有了40万的发行量，又获省优秀期刊之荣。“警官信箱”“法律信箱”“警察之友”以及“新加坡一瞥”“梦断澳门警世录”等文章都给人留下深刻印象。至于不尽如人意之处也还有一些：一是政宣部门对办刊管得过死，怕出问题，所以编辑部能动性、创造性难以更大地发挥，“送审制”更捆绑了笔杆子们。这个问题似乎一时难以解决，希望河南省厅的领导同志们于此能够解放思想，充分相信刊人和笔者们，给他们以更大的“自由”。二是精品力作少一些。我想今后可以一手发配合性文字、一手搞精品力作，争取每期都有一两篇拳头作品。为此能否给高手以时间和工作上的便利，让他“慢功出细活儿”，写点好作品。所谓精品，首先是在思想性的开掘上，不再停止在简单地歌颂警察、鞭笞罪犯上，而应该从社会大背景和人性伦理等多层面地审视与观照，从而多角度、多侧面地立意、定调。其次就是从结构到语言，要超越、要赢得理趣、文趣之类。

二、关于纪实作品的真实性与文学化问题

纪实作品的产生有社会背景，即生活节奏加快，变化性强，对此人们需要现实的东西，要快餐，传统的“沉淀与过滤”不解渴了。所以人们更加喜欢新闻纪实作品了。而我们公安法制题材的纪实作品，在揭示社会问题、民族精神创伤、痼疾和劣根性等方面都具有自身的优长，所以很受社会读者的青睐。这个问题我在1992年年初公安部政治部宣传局主办的“江西南昌会议”上有过比较详细的说明，后来以题为《公安纪实作品初探》编进集子里。其中特别讲了此类作品如何比较恰当地处理真实性和文学性的关系问题。这里再简单说明一下：在内容上（包括本质

与细节）应坚持真实性，即人也好案也好，必须是真实的发生了的，这一点不能含糊。不过为强化主题思想精神价值和阅读效果而在局部上或细节上的“文学性加工”，一般是允许的，但要有分寸，不能借以“滥发挥”“钻空子”。还需明确的是所谓文学性，并非指内容的“虚构与想象”，而主要是指在写法上，比如结构上的蒙太奇、时空错位、层层剥笋、意识流心理线索、草蛇灰线等，表现方法上的虚实双线、悬念巧合、对比衬托、暗喻象征等。再就是语言成色上，力求形象细腻和情感化等。像《天网》《法制在沉思》《唐山大火向谁问?》《悲愤的歌》《手眼神通》《缉毒英魂》和《我们对着太阳说》等在真实性与文学性的“和谐统一”方面都处理得不错。

三、编写者要努力提高自身水平

古人说“文如其人”，孟子和韩愈更提出“文气说”，现代写作创作行为学的研究成果表明，写作是复杂艰辛的综合之功，其中认知分析能力、信息收发能力和语言文字能力等皆为要素，所以如果你想笔下生花，写出拳头作品，光靠愿望和热情还远远不够、不行，而必须从多方面的“再学习”（不单是补学历一环）入手，这包括提高理论水平与观察分析能力，熟悉社会、取积信息等。再就是学点大众传播学与文艺美学知识，多看点古今中外的名作，如此经年累月，水平自然当刮目相看了。我们的东西自然应突出“主旋律”（随警作战、宣传法制、启教读者），但也不能忽视“审美品位”，捷克作家基希在《报告文学——一个危险的体裁》中说得好“具有社会意识的作家，承担着双重任务，即斗争的任务和艺术的任务”。这话于我们颇有启示。

（1995 年 8 月 22 日）

三种题材稿件的采写

根据要求，今天谈谈大家比较关注的三种题材的稿件采写问题，重点自然就是案例新闻稿件了。

一、关于案例稿件采写

（一）别忘了它的窗口效应与宣传价值

1. 借助此类稿件可以反映我们警察的不简单，辛苦和智勇，让百姓了解我们、理解我们，进而支持我们。

2. 案通社会，一案一世界，观照社会的方方面面。

3. 借以宣传正义、法制、道德、关爱等。再就是大众读者爱看，因为它富于悬念惊险的可读性。

（二）坚持走正路

如何提高正面作用、削弱负面影响，需要大家认真对待。从报刊大市场看、写案无非正反两个路子，正者借案宣法育民、惩恶扬善；反者借案贩黄售色。我们所写大部分是前者，可居然也有类似小摊上的伪劣品（如《魔鬼的颤音》《黄色的证明》等）。对此大家要注意了。

（三）在运思与拟写上下功夫

就大多数稿件来看，虽无毒素却嫌平庸板滞，让人看了如喝白开水。有人对次品讽云，有个公式叫“穿靴戴帽”或云“过程（发做侦审破）+点评”。怎样改变这种倾向呢？这里做四点提示。

1. 触角应宽些、广些，不要总在“七个字”（奸、杀、盗、抢、骗、毒、卖）上转。

2. 深入采访，认真把握与分析素材。

发现值得写的案（事）件后不可仅靠二手材料（听汇报、看材料、打电话、住招待所等），而要尽快找办案人以及其他当事人（包括案犯之类）进行直访、细访。一是了解全豹，二是开掘出有价值的宣传点。

3. 根据抓采到的案（事）件素材不同，宣传点不同，恰当地确定体裁，这就是说不一定都写成“侦破通讯”。像案例故事、新闻特写、人物专访述评，甚至言论等都可以考虑。

4. 提高审美品位，在写法文学化上下功夫。

（1）结构。一篇案例稿子如何布局必须要服从整体的立意构思，直线的东西不一定不好。当然允许“倒叙”，甚至借用“蒙太奇”之类，但别忘了形式为内容服务的铁则。再就是结尾，是否非要写几句“理性思辨”？也要看具体情况（读两个反例）。

（2）在人称和视点上多琢磨琢磨。写东西犹如采矿，也有个由浅及深的不同，那顺序好像分别为“明矾—云母—白银—黄金”。例如，《死刑温柔》《玩命在深圳》《本案没有赢家》《惨案即将发生》《京西银行大劫案》《历史的枪声长鸣的警钟》（写的是解放初期刘青山和张子善的旧案）等。几个经验：

深掘本质，如《法制在沉思》；结合背景，如《黄金梦的破灭》。

内心揭示，如《夏夜惊魂》；善恶对照，如《死缓女犯得到亲情挚爱》《娟娟，妈妈真怕失去你》；借助审丑，如《爆炸》《死地》。

（3）关于标题。新闻稿件历来讲究标题，案例文章尤其重要。但不可总是咋咋唬唬的，要既新颖生动又有悬念有意味。比如《蛀虫就在你身边》《潜入家中的温情杀手》《贼的眼睛盯着你》等都不错。

（4）运用背景材料。新闻讲背景，案子发生有背景，为强化正面社会效应，我们还需要注意利用背景材料，其实这在“采访”时就必须考虑到。举两个例子。

（5）把握好文字表达。叙述要详略得当，描写要精当并富于镜头感、现场感，至于议论抒情不宜硬加。过分的渲染没有必要，篇幅也力求短些，现在刊物上有的过长，水分很大。像传统的春秋笔法和犯中见避等大家应学一学。

（6）适当借鉴戏剧电影和小说的某些手法，除巧合悬念外，还有遗憾效应和反常等。比如《生死恨》《杜十娘》《孔乙己》《祝福》《大淖记事》《秋菊打官司》《菊豆》《警察与赞美诗》《老人与海》等。俄国作家契诃夫说：“谁发明了新的结局，谁就开辟了新纪元。”念几段文字：

“到了年关，也没有看见他。——我现在终于没有见——大约孔乙己的确死了。”

“十一子的伤会好么？会，当然会。”

“她是从四叔家出去就成乞丐的呢？还是先到卫老婆子家然后再成乞丐的呢？——那我可不知道！”

二、颂警题材稿件

关于颂警题材稿件数量可观，但上品不多。如何再提高？我认为有三点比较重要：

第一，深入采访，详细全面了解这一个英模的情况，不可只靠汇报材料，要找本人和亲人、战友等，争取对其平时与生活、工作、性格、爱好等各个方面有一个“真知全知”，有了这个基础，怎样构思才有谱。

第二，除行为言语外，更应着力写出其精神世界和心理个性，要善于把“行与人、形与神”结合起来，通过写行写形达到写人的精神的目的。

第三，要写出时代感和现代意识，要与赵一曼、董存瑞和雷锋有区别。

三、社会问题题材稿件

这当然不是我们的独家题材，可是应该说是我们的一块阵地，借助“社会问题题材”稿件，发出我们的声音，宣传法制、呼唤道德，促进整个社会的文明秩序。于此不宜像地方小报那样只摆病状，不做病理分析、不开药方。形式嘛，可以多样化，如工作研究、记者调查、读者来信和述评言论等，其实案例稿件在某种意义上也就是社会问题题材，不过大家没有特别意识到这一点。

总之，我们的东西自然应突出“主旋律”（随警作战、宣传法制、启教读者），但也不能忽视“审美品位”，捷克作家基希在《报告文学——一个危险的体裁》里说得好：“具有社会意识的作家，承担着双重任务，即斗争的任务和艺术的任务”。

（1994年12月在北京市公安局法宣处的讲座提纲）

两点参考意见

“最有价值的知识是关于方法的知识”（法·苗卡尔，17 世纪德国哲学家）。

同志们，朋友们，天津老乡们，大家好！

自 1984 年公安报创刊以来，公安对外宣传事业有了大发展，1994 年审读制度建立，1995 年“鞍山会议”后，为提高报刊质量、赢得两个效益，出现了一个各家报刊互学互促的大好局面，纷纷打出各自品牌，都争取多出精品、出拳头作品。我从 1998 年更多地关注了贵报，觉得办得不错，看得出来，同志们在努力，力求不断创新、不断提高，有机会和大家见面，我这个“老天津”自然很高兴。结合公安报刊界大圈子的情况，从两个大方面给大家提点建议。

一、从大的方面对办好报纸提几点参考意见

1. 首先自然是为全市公安工作服务，但不可太局限，要和市公安局内部简报区别开，要考虑天津各界读者，更要把视野扩展到全国甚至海外。“三大职能”（惩办、管理、服务）和公安

文化（人格文化和专业科技文化）的各个方面都应涉及。宣传面要宽，信息量要大。

2. 在具体操作上要处理好几个关系，即近期与长远之关系、面向公安内部与面向社会受众之关系、随警作战（搞配合）与独立作战的关系、传播信息与宣传德法之关系。

3. 善于发挥团队精神，局处领导不要只要求、只布置，要给予实际帮助，要有民主作风，更要让大家发挥主动性、创造性。

4. 抓好新闻来源，要善于采访与公关。常到北京、到部里、到兄弟单位跑一跑。有几家报刊要经常翻，如《人民日报》《中国新闻出版报》《中国报刊月报》《人民公安报》《人民公安》《公安研究》《公安教育》《中国人民公安大学学报》《中国法制报》等。

5. 至于稿件质量，说来说去就那么几条，关键是提高自身综合素质，而后自然就能采好写好了。再就是提高编排水平和技巧，各版做好分配，副刊一块不可忽视，因为不少读者对它感兴趣。

6. 建议与北京、河北等联手构建“公安新闻报刊培训协会”之类的业务研究组织，有针对性地进行人员培训和专题研究。

二、关于采访

眼下我们所见的案件报道过程化、会议消息人事化、科技动态数据化、人物通讯见事不见人（没有深层的东西）等，我认为都跟采访不到位有关，或曰起码是原因之一。所以我就集中讲讲采访行为。

（一）重要性

记者们都有一个体会，即采好才能写好，真实是新闻稿件的生命与灵魂，而全面真实，细节突出，只有靠到位深入的采访才能赢得。全面真实是说过程真、细节数据真和本质精神之真。著名老报人邵飘萍曾说“每遇内政外交大事，感觉最早而采访必工”。记者四能（听、跑、想、写）其中前三个都是采之功。所以西方记者说“新闻用脚写”，我国作家理由说“报告文学的生命在于奔跑”。

（二）行为特征

与秘书调研和作家体验生活有交叉但目的根本不同，它不是给领导提供信息，也不是积累素材，而是“抓活鱼自己吃”。记者的采访行为具有广泛性和恒常性，要有新闻敏感性，捕捉线索跟踪采访。需要发挥个人主动性、能动性和创造性，问、看、记、思四功并举。当然重头戏可以分工，用“普尔采访法”。

（三）行为规则与原则要求

1. 全面、真实、深入、到位。变间接为直接，抓第一手现场材料。防止想当然，不能满足于做表面文章。

2. 于记者作风精神上应谦虚谨慎、热情敬业、敏捷敏感、勇敢艰苦。比如1976年意大利记者对邓小平的访问。

3. 事先充分准备，尽量多了解对象。比如美国记者对曹禺的采访，只问了几个问题，可随后发了三篇稿子。其中很多是早知道的。

4. 用新角度找新东西，找背景材料，还要机动灵活，因人因事因境而宜。

比如《人民铁道报》和《光明日报》记者对红旗列车新面貌的采访（车长学哲学、四分之一列车员有文化进修计划、编《礼貌歌》等）。特别是对案件事实的采访。

（四）具体的方法技巧

1. 个别采访。一对一时要看对象，为此事先多了解些他的情况。比如1978年斯诺夫人拿着当年斯诺给毛主席照的照片。有礼貌，守时守约。提问由浅及深，讲方式（正反侧追询、设疑问等）。

2. 会议采访。一是记者自己组织，各方面考虑好；二是去参加“新闻发布会”，主持人发布某个新闻事实后，可以听其他记者的询问，必要时也要提问。

3. 观察法。访除访问外还有审视查证之意。“从未亲眼目睹的事情我是不愿意写的。”（斯诺）采访再快也是历时，只有在现场看才是“即时同时”。这“看”属于不加想象的科学性观察。美国记者约翰·里德写得《震撼世界的十天》后说：“这本书是我亲眼所见的一段剧变的历史。”（参见《记者的观察方式》）比如，《会飞的孔雀》和《开庭之日》等都成功于观察。

4. 隐性采访。很有必要，要求记者具有胆大心细、随机应变的能力。就像《十五贯》里的况钟那样。

5. 普尔法。针对大新闻、大过程，记者分工合作分别访写一部分，然后汇总为长篇报告，再由主管部门将大报告复印给各位记者，他们各取所需写出自己的新闻稿。1984年里根访华的新闻，美方新闻界用的就是这法子。

6. 其他，交叉法、顺便法等。

（根据1999年5月、11月在《天津公安报》编辑部的两次讲话修改而成）

怎样当好秘书

在公安机关内外两大管理工作（带好队伍、保驾护航）当中秘书一职举足轻重，其于提供信息、公关协调、处理日常事务，特别是在会务文件中的角色十分重要。当好参谋助手又谈何容易？

一、主体条件（努力方向）

（一）素质内涵

1. 政治素质：信念觉悟理论武器。

2. 道德职业素质：原则性灵活性、严守秘密、严于律己、谦虚谨慎、淡泊名利、善于思考、博闻强记、机敏应变、行动迅速。

3. 精神心理素质：创新意识、信息意识、热情沉稳、兴趣广泛等。

（二）智能

1. 认知摄取反馈能力。

2. 说写能力。

3. 计算机应用及其他（摄影、开车、跳舞、速记等）。

4. 自学能力。

5. 各种业务能力（协调、决策、观察调研信息、公关、拟文办文、会议、信访、督察、宣传等）

二、新时期要求

1. 明确要求，准确定位。

2. 发扬传统，适应变化。

3. 依法行政，求真务实。

4. 廉洁奉公，团队精神。

三、几项具体工作提示

（一）调查研究

1. 重要性及二者关系。

2. 关于调的作业线。

选题、准备、方式方法、6 字指标。

3. 研的操作。

（二）辅助决策

有过程、有选择，秘书正好起作用。

（三）信息

步骤：收集、处理、传递、利用、反馈、储存。

关于健全信息网络系统。

（四）信访

1. 意义，新形势下要严肃热情对待。

2. 处理原则。

3. 几种具体方式：送上、转他、立案、复信、回访。

（五）协调

1. 几个类别：人事、工作部署、矛盾纠葛、联合行动。

2. 原则方法：多沟通交流、阳谋、就地化解不上交、会议协商、行政出面。

（六）承办与查办

办文传达、不相隶属部门的联系。

查办：新时期重要，代表领导及时了解各部门对上级文件精神的落实以及相关工作的开展。

（七）会议

1. 有准备、有目的、有效果。

2. 抓好几个环节：会风、后勤、文件、保密、保卫、安全、议程日程劳逸结合。

（1997 年 11 月于昆明文秘新闻培训班的讲座提纲）

附

《金盾》“探案寻踪”栏目作品点评

按　语

1995年笔者应邀荣任《金盾》“探案寻踪”栏目特邀嘉宾主持，其间对几期的佳作做了精要点评，现录于此，或许对喜欢侦案新闻与文学的朋友们有点启发。

一、1995年第1期

近年来随着公安新闻法制宣传事业的迅猛发展，案例题材的新闻稿件和纪实文学作品的采写显得十分活跃和突出。在这个背景之下，《金盾》编辑部邀请笔者做贵刊“探案寻踪”栏目的嘉宾主持，任务是给所刊发的文章作品做些点评。笔者欣然接受了，因为笔者觉得研究此类作品的自身属性与写作价值，找到它的采写“必然”，从而在提高其文本格调品位的基础上优化社会效益，实属当务之急。

二、1995 年第 2 期

本期所发的两篇佳作皆有题材新、角度好之长。

《中国首例争夺科技成果谋杀案》一文，内容写的是国内首次为争夺科技发明权的谋杀案，它从一个侧面生动反映了在改革与竞争的大潮之下，一撮名利熏心者道德的沦丧、人格的卑劣以及对法制的无视等。其中“全家共谋”和“雇佣杀手”的恶毒情节，深入揭示了时下“犯罪旋风”的泛滥与嚣张，同时又为作品平添了几分悬疑奇谲之文趣。

《寻找死亡》写的又是一起因“同性恋”导致的杀人奇案。其成功之处在于对特殊题材的处理严肃而得当。作者有意地摒弃了“性猎奇”，而把重点放在了两个青少年的“性错位”之产生、他们的精神痛苦以及社会危害等之上。如此，相信其一定能赢得比较好的警示性社会效益。

三、1995 年第 4 期

一起特大涉外杀人案，区区两日一举破获，金盾之战绩令人赞叹、卫士之神威令笔者折服！

门牖既开蚊蝇便至，几个异国狂徒，仅凭酒后泛起的一股“成吉思汗情结”，便杀害了五名无辜。气愤惊叹之余似乎又让我们心头生得不少联想与思考。

认真说来，眼下侦破纪实作品骨健格高者不多，该篇之长在于：文字虽朴实无华（全不见“插科打诨”之类），可确赢得貌浅衷深之长。文中严正的真意，读者只要仔细捧卷便又不难领悟了。

四、1995 年第 5 期

这期刊发的两篇侦破通讯，作品里案件的迅速破获，除警方的神通快捷以外，被害人知情者跟警方的积极配合应该说也是关键所在。由此让我们再次感悟到“专群结合”“警民协作”之重要意义。于此我们真该向那位强忍伤痛，表示“为抓罪犯死了也干”的王氏司机和那位用拖拉机将王司机连夜送往派出所的“农民大哥”道声“谢谢了！”另外，作品里年轻罪犯的利欲熏心与愚蛮凶残，又再次提醒我们新形势下精神文明建设的必要性与迫切性。

两作写法上也有可取之处：《臂》篇里四个小标题安排恰切，增加了作品紧锣密鼓的节奏感；而《法》篇颇有意味的大标题以及文尾对罪犯的心理探测，都起到了强化作品主题的作用。

当然艺无止境，两作从文字表达与技法上还略有粗糙之嫌，那自然也都还有臻美的余地，相信两位作者以后还会出手更好的作品献给圈内外读者的。

五、1995 年第 8 期

天理昭昭，法网恢恢，杀人凶犯得到了应有的惩罚！然而，被害少女那曲折而又短暂的人生悲剧，特别是被害的“自身因素”实在又给了读者不少的启迪与思考……《被杀女孩和她的小屋》一篇，作者的初衷似不在写一起情杀案的离奇和侦案情节的曲折，而在于向读者哀告一个青春少女的不幸沉沦以致人生悲剧。如此便有效地彰显了鞭挞邪恶、警示青年的主题。总之作者借案警世育人的采写路数十分正确，而且取得了不错的宣传效果。

蠹虫丑类趁火打劫、诈骗肥私贼喊捉贼；京郊卫士连续作战扩大战果、一举破获案中案……《报假案的总经理》一篇，既有故事可读，更有法理逻辑的启教，也可谓开卷有益了。

不过并观两作，作者于剪裁、布局和文字表达上尚欠娴熟与老到，这在一定程度上削减了文本的力度和美度。鉴于此种缺憾似普遍地存在于侦案题材的新闻纪实作品中，所以这里送上鲁迅先生的一句名言以共勉：“单是题材好是没有用的，还是要技巧。”

与《杭州公安报》记者的谈话

自　按

1997年11月下旬，中国人民公安大学文理部在云南昆明举办《公安文秘与新闻宣传研修班》期间，笔者作为主讲，接受了赶来参加学习的《杭州公安报》敬业而又好学的年轻记者唐泽文的采访，就他所提的问题做了扼要的回答并同时说出自己的若干建设性意见。随后根据采访内容，唐泽文同志拟写了题为《公安新闻宣传、文化建设的现状与思考》的专访笔记，连续发表于《杭州公安报》（1997年12月12日和19日）上。

这里所编发的乃是那次笔者所讲的基本内容，其中主要涉及公安新闻宣传和公安文化建设两个问题，最后对“公安秘书学”的高自考有关事宜又做了简单说明。

一、关于公安新闻宣传的现状以及再优化的一些想法

以1984年公安部创办《人民公安报》为突出标志，近十几

年来，全国各地公安新闻宣传事业都有迅猛发展，各地区的公安机关都拥有了自己的报刊、电视专栏节目以及相关的主管机构，其中已有50余家报刊已被列入了公安部和新闻出版署的审读范围。《警方》《警探》和《人民警察》已成为享誉圈内外的优秀刊物。与此同时还涌现了一大批公安新闻与公安纪实文学的“写匠”。凡此种种都表明新时期以来，我们在公安新闻宣传方面所取得的斐然业绩。不言而喻，这对于公安机关走近社会、警察联系群众、重塑警察形象乃至威慑犯罪等都起到了巨大的促进作用。

不过要说问题与不足也确实存在一些，如因为理论研究还没跟上，所以大家对于公安新闻宣传作用的认识还有轻重深浅之差；再就是宣传主管部门与报刊社署不善于按新闻传播规律办事，机关化现象比较严重。具体到报刊文本上，一是稿件内容大同小异、主题单一；二是体式上不够多样，总是会议消息、案例通讯、人物新闻故事等；三是文字水平不高，术语概念上也常有纰漏（如“侦查”与“侦察”的混用）之处等。

为进一步优化新闻宣传整体水平与稿件质量，目前笔者的几点想法就是：

（一）注意内外两大阵地的有机结合，实施“请进来走出去”的运作方式

大家知道，公安宣传机关是公安宣传的第一阵地，圈外社会各界乃公安宣传的第二阵地，受众自然也是公安民警与社会各界两大群体了。鉴此，我们则应两条腿走路，既搞好我们的报刊、电视专栏等宣传媒体，更要尽量借助于社会大众传媒渠道的能量。其中一个很好的运作方式就是“请进来走出去”，前者即请名作家、大记者写公安事与警察人，这当然也包括办案惩犯题材，或者请对口的学者教授给笔警讲课等；后者即请我们的“写

匠”走出去采访、考察、调研等，或者送一些尖子、苗子去学习深造等。如此时间长了，自然大大有利于公安媒体与社会传播的有机结合，而以往孤军作战与公安神秘化等缺憾也就化为乌有了！

（二）建议公安新闻宣传主战场的各家报刊大胆根据本地情况特点和相关因素，打出自己的特色与品牌

为此应该调动采编人员的积极性，精心设置栏目，在确保服务公安随警作战的前提下，面向社会受众，赢取大公安效应。另外，省厅、市局的主管领导与有关部门应该在现代科技设备等方面尽量给报刊宣传这块以热情支持。

（三）全面提高“写匠”的素质

俗话说文如其人，作品之优劣，最终取决于作者的思想认知、阅历知识与文字水平。总之，一个合格的公安新闻工作者，必须要通过虚心学习与实践磨炼，使自己成为一个复合型人才，既精通公安业务、谙悉法律道德，又了解社会与心理人情，还于美学、文学、语言学与新闻传播学等多方面颇有积存。

（四）强化精品意识，努力营造精品

“文章千古事，得失寸心知。”要想出精品，光是“原材料”好是不行的，必须还得有精明的“加工人”和精细的“生产线”。为此笔者想是否可以一手发配合性稿件、一手搞精品力作，争取每期报刊能有一两篇拳头作品。至于何谓精品？笔者认为首先是在思想性的开掘上，不能千篇一律地停止在简单地歌颂警察、鞭笞罪犯上，而应该从社会大背景和人性伦理等多层面地审视与观照，从而多角度、多侧面地选材立意。再就是从结构到语言，要有特色、有超越，以赢得理趣和文趣之美。1997 年春天笔者在《警苑》（1997 年第 3 期）上写发了一篇如何营造精品的文章《长识炼意尚质崇文》，感兴趣的可以找来参看。

二、关于对公安文化建设的若干意见

公安文化建设是个新课题。在努力构建当代先进的民族新文化，增加“软实力”的大背景下，各领域、各职场的“行业文化”研究也日渐活跃，我们警界有识之士便也开启了有关公安文化的探索。自20世纪90年代起，个别公安院校还成立了公安文化研究所，进而还出版了理论专著，如张兆瑞同志的《警察文化学》。笔者也曾几次参加有关的研讨与座谈，从中也学了不少东西，如朱恩涛、武和平等对公安文化建设问题都发表了颇有见地的高论。同时，各家公安报刊也都竞相编发了有关公安文化的研讨论文和公安文化建设举措的新闻纪实。再从实践层面上看，不少省市的公安机关也开始了公安文化基本建设的尝试，实施了一些以“文化”为内涵的强警措施，开展了一些颇有成效的“公安文化”主题活动。

笔者个人比较更感兴趣与熟悉的公安文学、新闻、影视等几个方面也都有很好的势头与成果。好的作家作品林林总总、目不暇接，如魏军的《平原鸟语》、海岩的《便衣警察》《海滨奇案》、张平的《天网》、柯岩的《寻找回来的世界》、魏人的《刑警队长与杀人犯的内心独白》、钟源的《翡翠麻将》、蓝玛的《桑楚推理探案集》、汤保华的《蓝十字》、李迪的《傍晚敲门的女人》、王朔的《玩的就是心跳》、张策的《女民警的坎坷经历》等。而曹正文、何家弘等更是既有理论建树又有作品出手，如曹正文1997年8月出版了颇有教学意义与研究价值的专著《世界侦探小说史略》。再就是像白桦、叶辛、王朔、苏童、叶兆言、刘醒龙、池莉、迟子建、张平、张建伟等一大批名家加盟了公安文坛。还应提及的就是在文学原创的基础上，综合的公安法制题材影视作品也颇见起色，如《中华之剑》《英雄无悔》《龙年警官》《西部警察》《黄金海岸》《民警故事》《警官崔大庆》等都不同凡响。而1981年10月北京法制文学研究会宣告成立，更标志着我国法制文学（含这里说的公安文学）的客观存在与认识价值、审美价值已被社会各界广泛认可，而且拥有了越来越多的读者群。

以上这些当然都应该看作公安文化建设的重要实绩，当然不尽如人意之处也有。比如，理论研讨方面各吹各调，对焦点问题如公安文化内涵的“两块论”和“三层论”还不见集中的“交锋辩论”，因此难以实现“质”的飞跃；若再从实践上看，不少单位对于公安文化建设仅仅侧重在管理运作的方法改进上，而对民警个体精神与文化上的提高则在一定程度上有所忽视。少数基层民警甚至觉得公安文化很玄很神，跟自己无关等。

就公安文化建设与发展问题，针对前面所说的一些情况，笔者于此仅谈两点建设性意见。

第一，就是在扭转和提高大家的认识上下功夫，至少让同志们明确两点：一是公安文化就在我们身边，它实实在在地贯穿于广大公安民警的精神世界以及复杂纷繁的日常工作当中，它是一笔价值不菲的精神财富，并与传统的政治工作相辅相成、异曲同工；二是搞公安文化建设，既要抓工作中管理方式方法的改进、先进科技器物的装备使用以及警政警务的法律法规的健全等，更要抓民警的精神文化、人格文化，从而更有效地优化人民警察的整体形象。

第二，关于提高民警个人文化素质与修养，笔者提醒大家从两个方面努力：一方面在思想修养方面，要学习与践行核心价值观，同时借鉴传统的君子人格作风。再就是向当代警界英模与身边先进学习。另一方面在文化素质方面：一是学习哲学、心理语、语言学（英汉）等基础人文科学；二是拿下专业理论知识——比如法学、侦察学、预审学、交通管理、户籍管理、新闻传播学、公关学、采访学、信息学等；三是学会网络技术文化（所谓第二文化）。

第三，再简单说一下关于“公安秘书学”复习备考的事。该课是公安管理专业学员的必修课、必考课，笔者参与了教材的编写还承担了命题工作，所以情况知道一些。先说说大家关心的试题类型吧，一般有填空、选择、改错、简答、名词解释和论述、应用操作七种，前五种属客观性试题，后两种属主观性试题，前者占分值百分之六十、后者占分值百分之四十。前者考核的是对教材里阐述的基础知识和基本理论的记忆与理解，后者则考核学员的运用知识与经验分析问题、解决问题的能力以及表达能力，特别是公安文书相关文种的拟写能力等。其余不好再说什么了，至于有关教材要点重点以及所谓标准答案大家还可以看看上海公安高等专科学校的校刊《公安理论与实践》1994 年第 2 期，那里有既全面又具体的“自学问答”。

高自考不是选拔赛，大家不必紧张害怕，只要老老实实按考纲阅读教材，记忆与理解相结合，估计及格是没问题的。

公安报刊审读报告（一）

这两个月各家报刊把迎五十年大庆、歌颂公安英模、宣传公安改革和报道严打追逃、综合治理成果与动态结合起来，突出了主旋律，赢得了较好的社会效益。同时，在报刊特色风格、稿件采写质量上都不同程度地有所改进与提高。

一、“国庆”题材稿件内容丰富、体式多样，有声有色，图文并茂

既全面深入地反映了新中国成立50年的战斗历程、辉煌业绩，又为新中国成立50年大庆营造了健康喜人的良好氛围。现举要如下：

1. 《人民公安报》编发了两个方面的稿件。一是有关50年公安战绩，开辟了“半个世纪的辉煌”“我与共和国同行”专栏。前者闪回了公安部各业务局50年来的发展足迹，后者再现了几代民警的典型传奇故事。二是注目现实，对公安战线迎国庆做好保卫工作的动态陆续做了大量而及时的报道。其中，两篇重点言论稿件为《弘扬英烈正气，忠于党和人民》（9月11日）、

《全力打好第二仗，确保国庆节安全》（9月16日）。

2.《广东公安报》从9月2日开辟“祖国在我心中（50年）”和“沧桑聚焦”两个专栏以及“护卫共和国前行”（上、中、下）三个副刊专版，系统地依时间先后报道了新中国公安50年来的辉煌业绩。

3.《北方公安报》9月27日副刊整版以“凝聚的历史，永远的回忆”为题刊出若干重要历史照片。

4.《首都公安报》10月15日第7版刊登了题为《国庆盛典中的消防兵》的纪实报告，特别表彰了在“迎国庆”的日子里默默无闻奉献的首都公安消防部队的感人事迹。

5.《天津公安报》自9月6日至9月27日在4版分别刊登了“天津公安五十年掠影”（之一、之二、之三、之四），全面而又生动地宣扬了天津50年来可歌可泣的警人警业。还于10月2日推出了国庆50周年专刊，首次采用了彩色印刷，社会反应良好。

6.《公安时报》10月1日头版用半版面套红标题集中报道了“首都隆重举行庆祝中华人民共和国成立50周年大会”。

7.《平安》第10期上有《国庆大阅兵的幕后英雄》（写11次出任海军方队总教练的孙国桢）和《五十年与共和国同命运共荣辱》（写公安英烈马士翰及其家人的沧桑故事）。

8.《警方》第9期上有《为了新中国的诞生》，记述了新中国成立时期公安保卫战线的英雄们的战斗经历。

9.《警界》第10期《向世界展示国威军威》一文用历史的笔触报道了新中国三代中央领导人“国庆检阅”的盛况。

10.《金盾》第10期《无愧祖国，不辱使命》的专稿，比较精要而典型地报道了北京警人用鲜血和生命捍卫首都安宁的战绩。

11.《警察天地》开辟了“国庆回眸”专栏。第9期上发有特稿《北京天安门国旗方队向您敬礼》，报道了担负50周年国旗方队表演的武警官兵和他们亲人的故事。第10期上还以《英雄喜迎50年华诞》为题，分别报道了邱娥国等14位公安英模人物的照片和他们的肺腑之言。

12.《警察》也开辟了“共和国五十年”“国庆抒怀”“国庆写真”和“内蒙古公安五十年”等栏目。第10期上《忠诚之路，成就辉煌》回顾了50年来公安业的辉煌与公安人的艰辛。文章情理并茂，富于“史诗”品味。

13.《当代警察》第10期上有《共和国的怀念》一文，结合湖南公安工作实际。选取典型英雄事迹反映了公安民警在血与火、生与死的考验中，用鲜血与生命谱画出的亮丽风景。

14.《人民公安》第18期发有《为了国庆盛典》长篇纪实，全方位地报道了首都北京万众一心、全力以赴为国庆盛典操劳操练、奔波拼搏的动态新闻故事。文章还特别写出首都民警全员发动，以饱满的政治热情投身于紧张的国庆保卫工作之中的精神状态与实际行动。该刊第17、18两期还分别编发了专稿《中国禁赌》《中国禁娼》，从两个特殊的侧面宣传了新中国成立50年来的斐然业绩。

15.《警探》第10期上有题为《走向心灵的高地——记建国50周年大典的武警国旗护卫队》的特写，记叙武警北京总队国旗护卫队为使作为国庆50周年大典的隆重开篇——升国旗仪式完美无缺，从制订方案到严格刻苦训练，全体队员流血流汗，付出苦累辛劳和伤痛，终于开创了诸多“第一”、收到“十全十美”的训练效果的感人事迹。

二、以全国公安保卫战线英雄模范立功集体代表大会的召开为背景，各报刊都刊发了许多令人荡气回肠的人物事迹报告和人物专访

其几个特点是：第一，新闻触角广远，既有刑侦、治安、交通等热门，又有过去很少报道的户籍内勤、信访、内保看守等内容的新闻。第二，由于采访到位，记者们都能内视于对象，并为对象的精神业绩所感动，因此笔下有神。不仅突出了公仆精神、英雄气概，更写出其个性化的内心世界和高超服人的智能。第三，文本质量品位颇有提高。内容既富于当代性和现场感，构思角度又灵活多变，文笔也比较生动。

1. 《人民公安报》9月1日头版突出报道了“全国公安保卫战线英雄模范立功集体代表大会”在京隆重召开及党和国家领导人亲切接见英雄代表的新闻。随后又跟踪报道了英雄们在京举行巡回报告的情况。

2. 《广东公安报》9月7日报道了32位英模代表载誉归来和一等功臣朱明建“热血铸警魂，蓝盾保平安”的英雄事迹。

3. 《首都公安报》9月30日第5版以《争创群众满意吗?》为题，通过“谢谢你，外事警官”“首都民警办事负责”等新闻故事，集中报道了几个月来“争创”活动的良好社会效果。10月22日头版和第4版也有关于北京市公安局争创活动的上好稿件。

4. 《天津公安报》辟有“我来说说心中的民警”专栏，不断报道“人民群众宣讲团作巡回报告”的动态及具体内容，角度新颖、富于真实感与可读性。在津举行的第34届世界体操锦标赛结束后，该报10月18日头版刊发了题为《用忠诚托举世纪辉煌》的长篇通讯，对天津市公安局为誓保世体赛安全所做的大量工作进行了全面报道。

5. 《公安时报》头版的“英雄颂”陆续回顾并讴歌了50年来为公安献身的英烈事迹。

6. 《人民公安》第17期和第18期分别以《金盾，大写的世纪风流》和《将浪漫进行到底》为题编发了系列散文式特稿，重点介绍了全国公安保卫战线英模的精神业绩。

7.《人民警察》第10期发有《光荣啊，坚强的共和国之盾》，生动报道了9月1日江泽民及中央其他领导同志在人民大会堂亲切会见出席全国公安保卫战线英雄模范立功集体代表大会的情景，并配有栩栩如生的彩色照片。该刊第9期还有《京城水下特殊侦探》《莺莺已在弥留之际》等文。

8.《警探》第9期发表《侠骨柔情》一文，记叙安徽省太和县原墙派出所所长张振林临危受命担任派出所所长之后在辖区内打击流氓地痞、整治治安，抚养因父亲入狱而流落街头沿街乞讨的两个女孩的刚柔并济的感人故事。该刊第10期又有特稿《灾区，有这样一个“治安办”》《他没被评为烈士》和《南粤“飞虎队”传奇》三篇文章。

9.《现代世界警察》第9期上有《泰山顶上消防兵》介绍了泰安消防支队直属六中队，长年驻守在潮湿缺水、环境恶劣的泰山之巅的北天门的艰苦生活和闪光业绩。

10.《平安》第9期上有《重于生命的责任》，记述了辽宁海城市西柳公安分局局长范垂伦的事迹。第10期上有《透过鲜花的笑脸》，颂扬了普通户籍民警王勇（沈阳皇姑屯分局亚明派出所）其人其事。

11.《警苑》第5期上发有《生死关头爱的风景线——记成都市公安消防支队抢险救援班班长“救人明星”刘江海》《芦振龙，当代大学生的骄傲》《神将“夏胆大”》等文。

12.《警方》第9期有《春风里的橄榄枝》追述了南京市鼓楼分局五台山派出所户籍内勤吴锦（市“三八”红旗手）的先进事迹。

13.《警视窗》第9期《用生命铸造辉煌》报道了石家庄市交管局一班人马的业绩。第10期上还有对全国优秀人民警察罗瑞海的人物事迹报告。

14.《金盾》第9期有《疏堵，北京市交通的重点工程》和《崇文门路口车流中的那个交警》等文。

15.《警官》第10期上有《铁鹰今年50整》《没有终点的奉献力》《十年重负铸一剑》《专啃大要案的邱树伟》4篇纪实作品，读后令人敬服与振奋。

16.《警笛》第10期以《满意在人民心中》为题，对荆门市公安局为人民办好事、办实事的事迹作了摄影报道，并以《创人民满意派出所活动选萃》为题，报道了4个派出所扎扎实实开展争创活动的做法。

三、追逃严打与综合治理方面也有得力的宣传报道

这里简单概括如下：

1.《人民公安报》9月以来，陆续报道了《铁路公安机关追逃初获战果》《公安边防部队大力追逃》《广西、福建发挥网络优势、加强警种配合开展追逃斗争》《广州击毙作案多起的头号在逃人员陈绍榕》等动态消息。9月13日始连续发表题为《运筹帷幄共下一盘棋》的记者署名文章，对全国公安机关追逃斗争的做法和成绩做了全面综述。

2.《天津公安报》开辟了追逃专版，不断编发有关动态新闻，在第775期头版上更发有《津门“铁卡”——“9·20”案告破后访刑侦处五队》的专访。内容生动，富于新闻性和可读性。

3.《广东公安报》9月2日专稿报道了广州市击毙悍匪陈绍榕获公安部嘉奖的动态消息。9月28日起通过系列稿件报道了澳门黑枭叶成坚于广东覆灭的新闻事实。2日和28日分别发有《告别随心所欲，树起执法权威》和《维护社会效益，搞好行政

复议》等新闻言论。

4.《四川公安报》10月14日刊登的《眉山构筑警务公开“一把手工程”》报道了首批聘请的警风督员的动态消息。

5.《警方》第10期“特别策划”《天罗地网——江苏“追逃”专项斗争侧记》和《在看不见的战线上——走近“追逃”斗争的南京“七站一港”的刑警们》都是写“追逃”专项斗争的。第9期上有“警方说法”专栏，刊出《自首，负案在逃人员的明智选择》和《负案在逃人员不受追捕期限的限制》两文，给在逃人员指明出路。

6.《警探》第9期有《狭路相逢——合肥“7·23”警方围捕持枪绑匪纪实》，第10期又有《梦断江城——“2·24”特大假国库券骗兑案侦破纪实》一文。

7.《金盾》第9期有《铲除黑龙江的张子强》，第10期有《万里追逃》等文。

8.《警界》第9期有《挽弓射恶狼》，第10期有《博兴7·16劫票侦破记》等文。

9.《人民警察》第9期有《'99夏日闪电大围捕——上海闵行警方连摧两大赌窝》，第10期有《世纪末的追逃风暴》等文。

10.《警苑》第5期有图文并茂的《大追逃》一文。

四、《公安月刊》等几家刊物在宣传公安服务百姓的大方向下，办出了特色、提高了品位

《公安月刊》以“安全服务”为宗旨，办出了特色、办出了效益。因其贴近生活、贴近群众，深受大家欢迎，而且得到了国家新闻出版署的肯定。一位读者在来信中说：“我们这儿做生意的人都非常爱看《公安月刊》，每次下来新杂志，这个抢那个夺，这个藏那个找。里面的‘警官信箱’确实给我们指出了许多法律之路，它还帮我舅舅解决了一个伤害案的问题。我希望贵刊能增开一个‘包公跟踪办实案’栏目，把笔尖和摄像机镜头对准矛盾面，走近善良无辜的当事人，为他们排忧解难。”第9期卷首语公安部宣传局局长武和平也再次肯定了《公安月刊》办刊宗旨与方略。相信《公安月刊》在创刊的第二个10年里，将办得更出色、更可人、更富于特色魅力！

《人民警察》紧跟全国公安大气候，抓大题材，突出正面宣传，办得严正大气。栏目相对稳定，“卷首絮语”更能起到每期导读作用。

《警方》富于文化品位和人文气质。其印制精美，屡见重头的有关公安文化的专题内容，颇受公安文化层读者的青睐。据此，其书卷性特色早已成为不争的事实。

《警探》编刊以理取胜，该刊时常刊发具有闪光思想之文，给人以智慧和启迪。第10期有两个彩色插页，各组彩照分别突出“鼓乐迎英雄鲜花献模范　安徽省公安英模代表团载誉归来”“五十年安徽公安剪影”“祖国，您听我说”三个主题，更显得图文并茂，精美怡人。

其余各家刊物都在相当的程度上体现了自身特色。这里恕不一一叙述。希望各家“老总”及一班人马再接再厉，真正凭着健康成熟、恰宜得体的特色，于方兴未艾的报刊市场中立于不败之地，赢得双重效益。

另外三家文学刊物（《啄木鸟》《警坛风云》《东方剑》）近期也都办得不错，纪实作品有新闻性、宣法性、可读性，文学作品又富于情趣与理趣。值得一提的有《啄木鸟》中连载的长篇小说《十面埋伏》，纪实报告《凤凰泪》和《便衣老韩》；《东方剑》的社会小说《不仅是忏悔》；《警坛风云》的《贺兰山下的较量》等。

五、思考与建议

1. 公安报刊自1984年《人民公安报》创刊算起，至今已走过15个年头了。我们认为从其发展来看，大体可分为三个阶段：一是发轫期，即领导重视，提高认识，健全机构，落实阵地。随着公安现代化事业和公安宣传工作的大气候，公安报刊业得以初步发展起来。二是以1994年8月公安部宣传局成立报刊审读小组为标志，公安报刊进一步步入正轨（特别是案例新闻报道），明确了随警作战、宣传法制、把社会效益放在第一位的大目标。三是以1995年鞍山会议和1996年南京会议为标志，在总结近10年公安报刊业经验教训基础上，大家进一步强化了精品意识、特色意识、网络意识和团队精神，各家报刊在业务管理、出版规划、栏目设计、文本编辑、发行流通、稿件采写等多方面匠心经营，不断提高水准与品位。鉴此，我们以为下一步目标应该是广泛交流，互相取长补短，狠抓质量。在特色与效益上见成效，为发展公安文化，为丰富社会主义精神文明内涵，做出我们公安报刊界的贡献。

2. 这两个月，我们还发现几个具体缺憾：

（1）有些稿件篇幅较长，内容一般，不够精当，疏于开掘与剪裁。

（2）校对上还有疏漏之处。

（3）个别封面上的人物特写照片所选不够精美得体。

（4）总体上案例通讯写得都不错，较前几年有大进步，但有个别稿件在作案侦案细节上过于暴露，难免有副作用。

（写于1999年11月）

公安报刊审读报告（二）

2000年7—8月公安报刊宣传运作正常，导向健康、总体水平与势头跟前期相当，在某些局部和微观上有些提高之处。但从全局上着眼值得提出的问题亦不少。现扼要综述如下：

一、正面宣传有新意、有力度、有声势

（一）积极报道有关认真学习“三个代表”的思想理论与深入开展“三项教育”活动的新闻动态

《人民公安报》从7月5日起，分三次连续报道了天津市公安局开展“三项教育”的试点情况及成果。7月24日报道了贵州省公安机关注重“抓兵头将尾·查薄弱环节·建精干队伍”的新闻。8月11日，编发了有关召开“全国公安机关‘三项教育’会议”的动态消息。《天津公安报》第846期头版，编发了题为“巩固三讲教育成果，推进政法工作全面上水平”的新闻述评。第850期又刊发了以“以‘三个代表’重要思想指导工作·实现公安工作全面上水平”为题的会议消息。第856期还刊登了局长肖凤祥学习“三个代表”思想理论的重要文章。《四川

公安报》对此亦有很好的稿件，如“学习贯彻‘三个代表’，注重抓好‘四个结合’”“创一流，争第一，再铸辉煌——实践‘三个代表’重要思想的着力点”等。

《警方》第7期刊发了贾部长的文章，标题是“以‘三个代表’重要思想为指导，全面加强公安工作和队伍建设”。《警界》第7期于“本刊特稿”栏下编发了一组文章集中反映了该省这方面的动态。其中高新亭的文章，全面阐述了“三个代表”的思想理论对政法工作的重要指导作用。

（二）推进公安改革大业、宣传改革成效

《天津公安报》紧密配合市公安局有关“畅通工程”和综合治理城市道路交通环境秩序的部署，在第852期编发了“‘畅通工程’吹响总攻号角，数千民警星夜上街参战”的动态新闻。《公安生活报》7月4日发专论“切实加强警察队伍建设”。

《警探》第8期载有专访“警务督察在探索中前进”。《现代世界警察》第7期在专访栏下刊出“中国保安有多大”的综述性文字。从理论与实践的结合上，对我国近年来发展起来的保安业的情况与问题给予了较为切实肯綮的评说。

（三）讴歌警人警业，弘扬公安人格文化

《人民公安报》重点编发了报道人民公仆、新时代的焦裕禄、穿警服的孔繁森刘金国的先进事迹以及湘、贵、鲁、冀、豫等地开展有关“向刘金国学习”的稿件。8月5日还编发了题为“流星划过·微笑永存”的长篇通讯，详细报道了北京海淀区民警袁时光英勇献身的感人事迹。《首都公安报》还以各种形式悼念追述了袁时光烈士的事迹精神。《四川公安报》刊发了题为“共产党人的代表，革命干部的典型”的长篇纪实，重温再现了前公安部部长赵苍璧的业绩风范。

《警苑》第7期发有《走过英雄——解读刘志斌解读平凡》

《脆弱的刑警》；第8期发有《我的交警兄弟》《女子特警队的男队长》等。《警探》第8期发有《心雨——记全国特级优秀人民警察李若华》《热爱女警》等。《人民警察》第7期发有《守望——走近第五届上海“东方卫士”们》；第8期有《都市里的“地下哨兵”——上海轨道卫士风采录》等。《警界》第7期《活着》一文，特别写了《没有闪光点》的《苦警察》刘训福的感人事迹，同时着力挖掘其人物的内在美；第8期发有《慕鸿鹄而高翔——记全国特级优秀人民警察徐光利》等。《金盾》第7期上用图文互衬的形式展现了打拐英雄、铁道卫士，二级英模范培实的业绩与风采。《警察天地》第7期上的《老民警二三事》用回忆与思索的笔触重现了老一代民警执着、忠诚、朴实的人格美。《江南警界》第7期在“本刊特稿”栏目下发有《把挚爱深播在百姓之中》，反映了武警浙江总队青田县中队官兵不寻常的精神业绩；第8期发有《卫士的青春炽燃在侨乡》，文章以冷静思辨的笔触宣扬了全国特级优秀人民警察方早国《一辈子甘于平凡事业》的牺牲精神。《警官》第7期有《走近曾宪萍》（写齐齐哈尔市公安局政治部主任巾帼英雄的先进事迹）；第8期有《警察满贵》。《当代警察》第8期在《茶座》栏下编发了题为《刘金国到底为了什么?》的讨论发言纪实。

（四）针对实际进行普法宣传教育

《首都公安报》载有《犯罪嫌疑人及被告人：你有权保持沉默吗——法学教授与公安民警对话》文章内容贴近现实，形式生动活泼，堪称开卷有益。

《人民警察》第7期《法律向豆腐渣工程宣战——《招标投标法》出台背景透视》；第8期有《从有法可依走向“良法之治”——《立法法》出台记》。《警方》第8期载有副部长的寄语——“深入贯彻依法治国方略·全面推进公安法制建设”。

《平安》第8期发有《依法治国重在依法行政》的“水晶寄语”。《警察文摘》第7、8两期更集中介绍了有关依法行政和规范执法的基本常识和操作须知。诸如《经济犯罪立案有新标准》《贩卖戒毒药是贩毒行为》《公民的人身权包括哪些内容》《执法实践中应注意的证据问题》等。

二、配合打拐、缉毒、扫黄等专项斗争展开有力宣传攻势

《人民公安报》于7月1日突出报道了国务院6月30日在京召开的电视电话会议（关于2000年7、8、9三个月在全国开展“加强娱乐服务场所管理，严厉打击卖淫嫖娼、赌博吸毒贩毒等社会丑恶现象专项斗争”和“电子游戏经营场所专项治理工作”）的重要新闻，同时编发了评论员文章《彻底扫除黄赌毒》。《天津公安报》第856期以“对黄赌毒密集场所再下猛药”为题，及时报道了市政府召开“专项治理工作会议”的新闻。第858期头版的“视觉新闻”专栏刊发了“天外天”歌舞厅被查封的配图新闻。《公安生活报》发有“我省‘打拐’专项斗争第二次集中统一行动战果显著”。《广东公安报》6月27日用图文结合的形式报道了“虎门四百公斤毒品灰飞烟灭”的动态新闻，8月17日和26日还在一版公布严打战果。如“一天查获八条线”“清查七万多间，取缔七千多间”等。

《警苑》第7期的《唤起被拐女大学生生活的希望》和第8期的《她缘何再次出走》两文贵在略写打拐过程，详写《解救》之后又如何，鉴此，文章赢得一定深度。《警察天地》第7期，发有特稿《为了母亲的微笑——吉安地区公安机关破获系列拐卖儿童案纪实》。《金盾》第7期，发有《悲壮——献给牺牲在“打拐”斗争中的英雄们》。《警探》第7期，发有《毒品及受其祸害的女人们》；第8期，发有记者手记《一次难忘的解救行动》。《啄木

鸟》第7期，发有《无声的挑战——安徽灵璧侦破拐卖聋哑女童案纪实》；第8期有《十年生死两茫茫——湖北警方解救被拐骗的刘成季母子纪实》；第7、8期连载长篇纪实作品《权魔——海南戚火贵特大受贿案追踪纪实》。《警坛风云》，发有《打拐跨省进行》和《十里埋伏套恶狼》等。《人民警察》第7期，发有《利剑直捣：亚运村7号别墅地下淫窟》；第8期，发有《云和山城打拐第一案》和《三任局长一个比一个贪》等。《公安月刊》有《被“贴息”贴进无期的人防主任》等。

为加大宣传力度，还注意配合编发言论，如《广东公安报》的《贪官没有好下场》《三议成克杰》等。

三、提供安全信息、传播科技新闻，为警民服务

《广东公安报》7月4日一版刊登了题为“吸取江门‘6·30’特大事故教训，省委省府宣布整顿措施，烟花爆竹厂一律停业”的专题报道。随后6日、11日又有相关的新闻报道。

《公安月刊》第7、8期的“安全试验场”分别就自行车丢失现象和“110效应”两个贴近百姓生活的问题进行了“试验”，就其中的如此这般，从警民两方面做了提示与开导。《安全指南》一栏就“游乐事故”和“摸奖骗局”问题给读者以警示。

《警方》的“居民居家安全防范指南”，《警察文摘》的“预防劫车”“网络时代的性骚扰”“保险应擒欺诈黑手”，《平安》的“出门旅游须五防”，《首都公安报》的“走进宾馆饭店您还心存防范吗?”等亦从多方面为读者提供了必要的安全服务。

《首都公安报》关注“首都科技强警要走在全国前面”，自7月、8月来，加强了科技新闻宣传。7月14日发有“局长台上讲，民警网上看”；8月11日发有“北京警方破案技术大揭秘”；8月18日还发有《尊重知识，尊重人才》的评论员文章。

四、其他上好稿件及编艺新变

为配合“引黄济津工程”大宣传，《天津公安报》第 860 期，编发了“引黄济津工程开工，市公安局部署保卫任务”的动态消息。《警坛风云》第 7 期有《蓝天下的挚爱》，详细叙写了上海几户普通人家收养孤残儿童的动人事迹。《警笛》第 7 期有《上海姑娘沙迦抒写中国情》，写在阿联酋打工的上海姑娘张以萍奋力救助因失窃而流浪街头的一位维吾尔族老人的故事。《金盾》第 7 期的《面对逾越生死者的思考——从对重大杀人犯的采访说开去》一文，把陈案和思案结合起来，向读者讲述了只有自己才能真正拯救自己的道理。《当代警察》第 8 期的随笔《发明一种文本》，用含蓄幽默的笔触批评讽刺了当今文坛那股抄袭、剽窃、拼凑的不正之风。《警官》第 7 期，发有《特殊父子情》和《为犯罪分子留个“标记”》。《公安月刊》第 8 期的《智勇双全才是好警察》等。

文学刊物《东方剑》第 7、8 两期有《神秘客商》《最后一案》《情寄何处》和《遭遇黑客》（作者既通文学又晓网络）等佳作。

陕西的《公安生活报》于 8 月 18 日改名为《西部法制报》（于 8 月 18 日出版第 1 期试刊）。《人民警察》第 8 期新辟“图片新闻”，在一个页面中，图文比例为“4:1”，令人耳目一新。《警苑》第 7、8 期的封面设计改得好：刊名、人像用黑色，炮题用彩色，显得既庄重雅致又生动活泼。

五、存在问题及思考建议

1. 期刊类有几个倾向值得注意：

（1）有几家期刊对于学习贯彻中央思想政治工作会议“三

个代表”思想理论的重要新闻，未做任何形式的宣传，其实属失职，周期因素不应作为理由。

（2）关于案例稿件采写的原则要求编者们本来早已知晓，但还偏要“顶风上”，即案例稿件比例过大，借案宣法的力度又不够，甚至还会产生副作用。请看一篇缉毒内容案例中的两段文字：

“吗啡还有止咳镇痛的作用。武汉一家夜总会的对面有家小药店，常常半夜还有人买某一牌号的止咳露，警方在突击检查这家夜总会时，开始不清楚这里的瘾君子从哪里获得毒品，后来从满地的止咳露瓶中发现，瘾君子就是从对面这家小药店购买止咳露满足毒瘾的。”

“‘吸毒’这词的出现可能与中国当年吸食鸦片有关，实际如今吸毒的方法多了，吞药片、注射，甚至把自己的脑袋塞进汽油桶闷个半死，都叫吸毒。”

（3）有些文章内容导向上似有些问题。比如，中央历来提出对于民族宗教问题落笔要慎而又慎，但我们个别公安报刊却忽视了这一点。某刊第 7 期第 44 至 45 页上写“我”（公安报刊记者）在飞机上与一女法师“谈佛论法”。其中作者的有些提法与认识，我们实在不能苟同。请看：

“这位法号妙性的年轻法师，对她的信佛的无比虔诚和对世人满怀的悲悯之心一刹间便让我十分感动。……”

“他们广结善缘，并非只求一己之善果，他们引导人心皈依，原本为消除世间的‘无明’与‘贪欲’，断了‘丑浊恶世之徒’的种种恶念。即此而言，他们的目标与我们这些以打击犯罪、保护人民、再维护社会治安稳定为己任的人民警察的神圣职责无疑是同一的。……”

再如，某刊登出的《周总理钢纸箱的秘密》和《当年为毛主席卷制雪茄烟的“132 小组”》两文，作者的初衷当然是好的

（颂扬总理之节俭和老一代工人对领袖的深情），但从今天的读者角度来忖，必将于他们那里生出一些负面值来。

（4）个别刊物在扉页的“本期导读”上净排列那带有“淫窟”“命殒”“死亡”“情爱”字眼的案例篇目，而正面宣传的重头文章的标题却略而不印。难道其旨亦在追求可读性？

（5）用来充斥门面的所谓散文、随笔之类，亦欠应有的思想营养和文化底蕴。吟风弄月之后全无健康的情感、宜人的哲理与法治。

2. 稿件体式上，似乎忽略了纪实作品与文学作品的原则区别，以致弄得不伦不类。比如，在标类为“伦理小说”的《梦醒时分》里却出现了“扬州市委常委、政法委书记冀仁贵亲自挂帅”一段文字；而有的纪事报告，却又不见主人公的基本身份介绍。

3. 名人专栏内的名人之作，内容往往跟公安法制不搭界；译作不见原作者名字及出处；个别刊物编辑部的自撰稿过多。

总之，在如今泡沫文化膨胀、报刊市场鱼龙混杂的形势下，作为主流文化一翼的公安报刊应该洁身自好，在继承与发扬宣传法制、随警作战的优良传统的基础上，进一步强化导向意识、服务意识、特色意识、创新意识和读者意识，通过切切实实的努力，打出自己的品牌并逐步赢得两个效益。

需要说明的是：《人民公安》《警官》《警察》和《西藏公安》未及时收到，故此件内未提及。

（写于2000年9月）

笔者主要著述

1.《公安文体写作导论》（专著，24 万字，获奖，1996 年 5 月警官教育出版社出版）。

2.《公安新闻采写论谭》（专著，16 万字，获奖，1998 年 6 月警官教育出版社出版）。

3.《公安秘书学教程》（高自考统编教材，副主编之一，合作者邹存亭等，1994 年 3 月中国人民公安大学出版社出版）。

4.《公安秘书学自学考试大纲》（高自考统编考纲，合作者邹存亭，1993 年 11 月中国人民公安大学出版社出版）。

5.《公安文书写作》（公安院校通用教材，主审并参编，1998 年 9 月江西高校出版社出版，获第三届公安教材一等奖）。

6.《当代公安写作教程》（副主编，撰写 3 章 8 万字书稿，1992 年 3 月警官教育出版社出版）。

7.《写作文选》（成人高教用书，参编，1989 年 5 月高等教育出版社出版）。

8.《学术论文写作五十讲》（文科大专函授教材，合作者张靖，16 万字，1999 年 10 月中国人民公安大学出版社出版）。

9.《机关文书写作大辞典·公安机关文书》(合作者张靖，1994年7月漓江出版社出版)。

10.《公安纪实作品论文集》(研讨会论文集，组编并撰稿，1992年12月中国人民公安大学出版社出版)。

11.《三国人物风云榜》(专著，历史小说通俗读本，22万字，2002年9月农村读物出版社出版)。

12.《修身谋事镜鉴——阿良评说三国》(专著，三国历史人物述评，18万字，2014年4月法律出版社出版)。

13.《刘少奇风范词典》(纪实文学，副主编并撰稿12万字，1991年5月中国工人出版社出版)。

14.《忠诚——周仲英红色传奇故事》(纪实文学，合作者杨旭光，18万字，2007年6月中国人民公安大学出版社出版)。

15.《文学星座》(纪实文学，19万字，主编并撰稿，2000年11月农村读物出版社出版)。

16.《中国少数民族文化大辞典·西北地区卷》(参编，撰稿5万字，1999年9月民族出版社出版)。

17.《汉语写作论谈》(专著，20.9万字，2019年1月群众出版社出版)。

18.《文学艺术笔谈》(专著，30.6万字，2019年8月群众出版社出版)。